# GED® en español de la Maestra Ximena

# MÓDULO GRAMÁTICA

**(PREPARACIÓN PARA EL EXAMEN RAZONAMIENTO A TRAVÉS DE LAS ARTES DEL LENGUAJE de GED®)**

# LIBRO DE EJERCICIOS

**(Incluye modificaciones 2016)**

# NIVEL 1

*Textos y metodología*
*Ximena Thurman*
**Artista Visual**
*Carolina Cornejo*

Publicado por

*ISBN: 9781980473237*

*Editor*
*Antártica Academy*
*AntarticAcademy@gmail.com*
*www.gedfacil.com*
*info@gedfacil.com*
*1-720-982-0428*

*Ilustración: Carolina Cornejo*
*©Derechos Reservados*

**Si has adquirido este libro y aún no te has registrado para ninguna clase,**

**anda al final del libro para reclamar tu bono.**

# Tabla de Contenidos

## I.- Dedicatoria

*Esta colección de libros está dedicada a todos los inmigrantes hispanos  que cruzan el desierto, atraviesan ríos, se montan en trenes, saltan bardas y arriesgan sus vidas para alcanzar el sueño americano. Pero por sobre todo, a aquellos que llegando a los EUA se dan cuenta que esa meta era tan solo el principio de un peregrinaje mucho más arduo y, finalmente, más fructífero: la preparación para aprender un nuevo idioma y una cultura diferente. Para todos los valientes y héroes de cada día, para quienes saben que la única posibilidad de insertarse exitosamente en este nuevo mundo es la educación y para quienes lo consiguen con esfuerzo, tenacidad y dedicación.*

*Con cariño para todos mis exalumnos de GED, los actuales y los que han de venir.*

*Nos vemos en un click ... o si prefieren en un swipe*

## II.- Carta de la Maestra Ximena

*Antártica Academy™ , WWW.GEDFACIL.COM y yo, la Maestra Ximena,  te damos la bienvenida y, primeramente, te felicitamos por haber tomado la decisión de continuar superándote.*

*Trabajar y estudiar o ser mamá y estudiar es un sacrificio muy grande, pero este sacrificio se recompensará con creces. Nada es fácil en la vida, por tal razón, que para el éxito de este curso, tú debes comprometerte contigo mismo(a) e involucrarte en el proceso de aprendizaje para lograr tu Certificado de GED®.*

**La educación no es un gasto, es una inversión para tu futuro.**

*El curso de G.E.D. está diseñado para que abarque todas las materias relacionadas con el "high-school" (como se conoce en los EE.UU.), también llamado la secundaria, el bachillerato, la enseñanza media o la preparatoria -familiarmente "la prepa" en México- o cualquier nombre dado en tu país de origen a la educación obtenida (académicamente) durante 12 años de clases continuas y formales que regularmente se reciben a partir de los 6 años de edad.*

*El examen de GED en sí comprende 4 exámenes:*
*1.- Razonamiento a través de las Artes del Lenguaje (RAL)*
*2.- Estudios Sociales*
*3.- Ciencias*
*4.- Matemáticas*

*Nuestro curso de GED está estructurado en módulos. Cada módulo se enfoca en un determinado examen y lo hemos organizado en el orden presentado aquí arriba. Aunque los exámenes de GED se pueden tomar todos juntos el mismo día, no lo recomendamos; es preferible que se prepare uno a la vez y que se siga el mismo orden.*

*Este libro abarca el Nivel 1 del Módulo Razonamiento a través de las Artes del Lenguaje (RAL), en corto lo llamaremos Módulo de*

Gramática y comprende 4 niveles en total. Este es solamente un libro de ejercicios que apoya todo el material que abarca las clases en línea en la página web *www.gedfacil.com*. En ella se encuentran videos que explican toda las materias que se medirán en el examen, además de juegos, cantos y  tarjetas relámpagos. Los ejercicios que entrega este libro te permitirá practicar cada tópico presentado.

Te mostraremos exámenes tipos, los cuales son muy similares a los exámenes reales, de tal manera que nada sea una sorpresa para ti. También se han agregado autoevaluaciones en cada video para que midas tu progreso, tarjetas relámpagos (flash cards) y juegos en cada lección para que tu proceso de aprendizaje sea más rápido.  En esta nueva versión de la prueba de GED® (2014) , Antártica Academy ™ ha incorporado la tecnología requerida. Además, se ha actualizado todo el material en base a las últimas modificaciones por parte de GED® Testing Service en el año 2016.

La metodología, los videos, tarjetas relámpagos (flash cards), juegos, libros y todo el material que hemos puesto a tu disposición son los frutos de más de una década de experiencia directa en las aulas con nuestros estudiantes en Colorado (USA) y esperamos que también sean de ayuda para ti. Nosotros estamos comprometidos con facilitarte tu aprendizaje y esperamos que tú también lo estés; porque creemos que el compromiso es la clave para tu éxito.

Contamos con más de 700 estudiantes graduados y deseamos que tú  seas uno de los nuestros.

Nosotros ni nadie te puede garantizar que apruebes el examen, solo tú lo puedes hacer, y para ello hay un solo gran secreto: **dedicación, dedicación y ... dedicación.**

*Ximena Thurman, B.S.  MBA(c)*
*Fundadora*
*Antártica Academy* ™

**Da tu primer paso ahora. No importa que no veas el camino completo. Solo da tu primer paso y el resto del camino irá apareciendo a medida que andes.**

**Martín Luther King
(Activista por los Derechos Civiles)**

## III.- Acerca de este libro

Este libro está diseñado para ayudarte a revisar la materia que has aprendido durante las clases (ya sea en forma presencial o en línea) y reafirmar tus conocimientos. Incluye ejemplos para un mayor entendimiento y videos que podrás accesar desde nuestra página web WWW.GEDFACIL.COM. Además, cada capítulo contiene: tarjetas relámpagos (flash cards),  acrónimos, juegos y rimas; todas técnicas para hacer el aprendizaje rápido y entretenido. Esperamos que con ellas puedas reafirmar la teoría. Asimismo, podrás seguir practicando con los  autoexámenes, ejercicios y exámenes tipo.

Este texto te mostrará técnicas básicas para escribir y responder a un ensayo dado. Te enseñará desde cómo armar una oración, un párrafo hasta desarrollar un escrito en base a evidencias. Aprenderás a redactar un ensayo persuasivo respondiendo a algún texto en forma clara, concordante y coherente. Estas técnicas también te servirán para la prueba de Ciencias,  ya que en este examen deberás escribir párrafos concisos y enfocados en el tema. El libro del Nivel 2 incluye todas las materias que cubre el examen en cuanto a acentuación, uso de mayúsculas, signos de puntuación, entre otras. En el libro del Nivel 3 podrás practicar el ensayo argumentativo y en el libro del Nivel 4 practicarás estrategias para leer comprensivamente. Este módulo de Gramática, es decir, los 4 niveles, comprende los estándares que se miden en la prueba Razonamiento a través de las Artes del Lenguaje (CCS), estos estándares son una iniciativa educacional americana que detalla lo que cada estudiante debiera dominar al final de cada curso, tales como: determinar los detalles de un párrafo, hacer inferencias lógicas, obtener evidencias dentro del texto, leer y responder a preguntas de un nivel superior de complejidad (incluyendo textos a nivel universitario). Se te pedirá determinar la idea principal, el punto de vista del autor, el significado de una palabra. Además, se medirá vocabulario, ortografía, acentuación y puntuación. Pero no te asustes, en estos 4 niveles que comprende el Módulo de Gramática, te estaremos  preparando para ello.

En este nivel (Nivel 1) te enseñaremos a escribir un ensayo básico, en el Nivel 3 te ensañaremos a escribir un ensayo argumentativo, que será el ensayo que vendrá en tu examen. El ensayo, también llamado "Respuesta Extendida" o "Respuesta extensa", es un escrito entre 450 a 900 palabras de tipo argumentativo o de comparación y contraste; los temas pueden ser muy variados y tiene una duración de 45 minutos. Si sigues paso a paso las instrucciones, en este nivel habrás hecho al menos 10 borradores que te ayudarán a sentar las bases para escribir un buen ensayo.  El texto que debes escribir en tu examen tiene una ponderación aproximada a un 50% del puntaje total.

El libro que aquí presentamos está orientado para que sigas cada materia y apliques en forma práctica lo enseñado en clases y/o en los videos. Sin embargo, lo más importante es tu actitud positiva ante el estudio. Puede que tengas habilidades naturales para escribir, pero si no las tienes, no te desesperes, estas aparecerán o mejorarán con la práctica. Abre tu mente y sé  receptivo con lo nuevo. Piensa siempre que **sí aprenderás** y mientras más practiques más fácil se te hará.

El aprendizaje es acumulativo, esto quiere decir, que debes seguir cada clase. Si te saltas algún paso, lo más probable es que la siguiente etapa te será más difícil. Por tal razón, es importante que asistas a clases (si estás llevando el curso en forma presencial) o revises  cada video sin saltar ninguno (si lo realizas en línea). Si algunos de los ejercicios no fueron completados correctamente, revisa los apuntes de las clases y nuevamente hazlos hasta que los tengas dominados. Es recomendable que leas las notas de cada clase diariamente, practiques con las tarjetas relámpagos y completes los juegos, así retendrás lo aprendido.

Si deseas escribir un buen ensayo, la única forma es intentándolo. Existen muchas técnicas para hacerlo, aquí te mostraremos solo algunas para que tengas un examen exitoso. Si logras dominar estas técnicas, podrás tratar nuevas formas creando tu propio estilo.

En la plataforma de Youtube, te recomendamos que revises nuestro canal **gedfacil.tv,** allí encontrarás videos con las preguntas más frecuentes, recomendaciones de libros para leer, consejos para superar el estrés, técnicas para hacerte más fácil el aprendizaje y videos motivacionales. También puedes visitar nuestros foros de las redes sociales para contar alguna experiencia, hacer preguntas a tus profesores o  compartir cualquier inquietud con tus pares.

El grupo de profesores y administrativos de Antártica Academy™ y WWW.GEDFACIL.COM harán todo lo que esté a su alcance para ayudarte a cumplir tu meta. Nosotros ponemos el 50%, es decir, te damos las materias que se exigen en el examen y las herramientas para enseñarte a mejorar tu aprendizaje. No importa la manera que tú aprendas, aquí ofrecemos diversas formas, ya sea visualmente (a través de la vista), auditivamente (a través de la audición) o kinestésicamente (a través de los movimientos corporales) y tú deberás poner la otra parte, primero, descubriendo cuál es tu mejor manera de aprender y luego viendo o escuchando los videos, haciendo los ejercicios y juegos (tanto del libro como digitales) y/o practicando con las tarjetas relámpagos para que así como equipo lo logremos. Nosotros nos hemos comprometido con tu aprendizaje, ahora te corresponde a ti:

## *Comprométete y...*
## *¡Disfruta esta nueva aventura de aprender!*

## **"Sabemos que tú no puedes sol@ (por eso estoy aquí ), pero tampoco nadie puede hacerlo por ti."**
**Maestra Ximena**

## IV.- Simbología

**3.1.- Buscar pistas:** Este símbolo indica las **palabras claves** que se deben buscar en el texto para entender la lectura o lo que se está preguntando.

**3.2.- Compartir:** Este símbolo indica que debes **detener tu lectura aquí y contarle a tu compañero** lo que está leyendo, ya sea parafraseando o haciendo un resumen de lo leído. Con ello mejorarás tu retención.

**3.3.- Consejo:** Coloca especial atención a este símbolo porque te entrega algún **importante mensaje** de cómo mejorar tu proceso de aprendizaje o reglas importantes que deberás memorizar.

**3.4.- Ejercicios:** Este símbolo indica que vienen una serie de ejercicios para poder practicar el tema que se está trabajando y dominarlo, eventualmente.

**3.5.- Herramienta:** Indica que estamos incorporando una herramienta de ayuda.

**3.6.- Información Adicional:** Si deseas ahondar más sobre el tema puedes recurrir a este **enlace (link)** donde encontrarás el tópico desarrollado en mayor profundidad.

**3.7.- Para reflexionar:** Proverbios o frases célebres que nos harán pensar sobre lo que estamos tratando o nos servirán de motivación.

**3.8.- Repetir en voz alta:** Para retener el concepto o aprendizaje, se recomienda detener aquí la lectura y repetir en voz alta lo que se acaba de leer ya sea a ti mismo o a tus amigos.

**3.9.- Revisar Formulario**: Indica que para este tipo de ejercicios se incorpora en el examen una **lista de fórmulas** necesarias para su resolución. Se recomienda utilizarlo habitualmente para familiarizarse con los conceptos, las abreviaciones, su utilidad y la ubicación dentro del formulario.

**3.10.- Recordatorio:** Indica algún elemento o concepto que no puedes olvidar.

**3.11.- Video:** Este símbolo señala que existe un video donde se explica el tema y que se puede accesar a través de la página web.

**3.12.- Juegos:** Este símbolo indica que se incorporan juegos, rimas o cantos para que se te haga más fácil el aprendizaje.

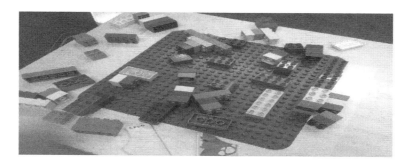

**3.13.- Tarjetas Relámpagos:** Este símbolo indica que revises las tarjetas relámpagos de la lección.

**3.14.- Juegos digitales:** Este símbolo indica que revises los juegos digitales de la lección.

## V.- Objetivo del Nivel

Aprender a escribir un ensayo básico

## VI.- Lecciones del Nivel

El Nivel 1 comprende las siguientes lecciones:

Lección 1: Qué es y en qué consiste un ensayo
Lección 2: Proceso  de redacción
Lección 3: Planificar el bosquejo
Lección 4: En qué consiste un ensayo básico
Lección 5: Cómo generar ideas
Lección 6: Cómo darle fluidez al ensayo
Lección 7: Cómo crear una tesis
Lección 8: Coherencia en la oración
Lección 9: Revisión y corrección de un ensayo

Se inicia con un video introductorio y finalizamos con 7 video de recapitulación donde se hace un resumen de los conceptos más importantes aprendidos en este nivel.

**Al término de este nivel el/la alumn@ será capaz de generar ideas, organizarlas, escribir un ensayo y autocorregirlo.**

## VII.- Prueba de Diagnóstico

Antes de iniciar el tema, toma esta prueba de diagnóstico para medir qué tanto conocimiento tienes sobre construir un ensayo.

### Contesta si la oración es Verdadera o Falsa

1.- _____ Un ensayo se califica según la Forma y el Fondo.

2.- _____ Un ensayo debe tener 3 ideas principales.

3.- _____ Los ejemplos sirven para apoyar las ideas.

4.- _____ Al cambiar de idea secundaria se cambia de párrafo.

5.- _____ Un párrafo implica colocar un punto seguido al terminar.

6.- _____ Cada vez que se inicia un nuevo párrafo se parte con mayúscula.

7.- _____ La **Forma** del ensayo se refiere a la presentación de este.

8.- _____ El **Fondo** del ensayo se refiere a los márgenes del escrito.

9.- _____ El bosquejo se utiliza para generar ideas.

10.- _____ Al escribir un ensayo lo primero que se hace es el bosquejo.

11.- _____ Un párrafo es un conjunto de líneas que se refieren a una misma idea.

12.- _____ La estructura de un ensayo es: Desarrollo, Introducción y Conclusión.

13.- _____ Si me dan un tema y no lo conozco, puedo cambiar el tema.

## Lección 1: ¿Qué es y en qué consiste un ensayo?

**Mira el video (Tiempo: 4':55")**

**Visita las tarjetas relámpagos**

## Lección 2: Proceso de Redacción

**Mira el video (Tiempo: 6':49")**

1.- Planificación:  Bosquejo           10 minutos
2.- Redacción:      Escribir ensayo     30 minutos
3.- Revisión:       Ensayo corregido     5 minutos

## 1.-  Etapas del Proceso de Redacción

Este proceso lo encontrarás explicado en detalle en el video.

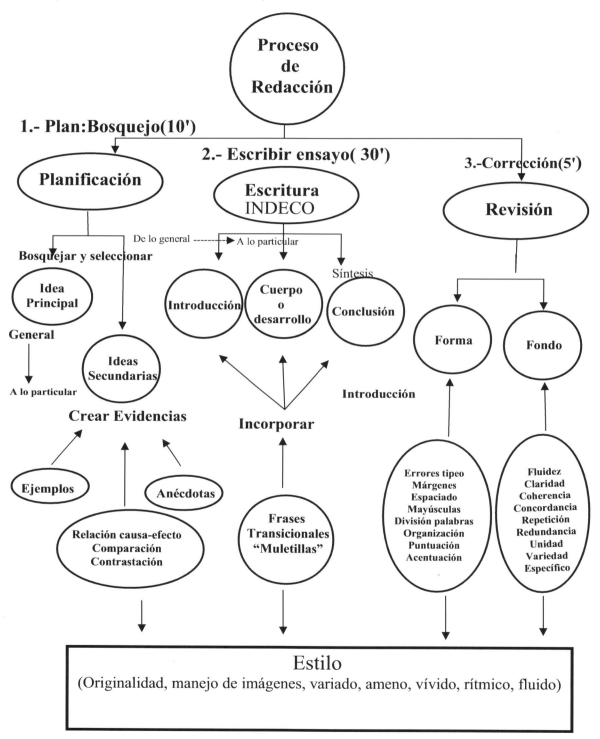

## 2.- Juegos, Rimas...y algo más.

### 2.1.- Completa la oración
1) El Proceso de Redacción consta de ___ etapas
2) La primera etapa del Proceso de Redacción es _____ y debiera demorarme no más de _____ minutos.
3) La segunda etapa del Proceso de Redacción es la _____ y no debiera demorarme más de ____minutos.
4) La tercera etapa del Proceso de Redacción es la _____ y no debiera demorarme más de _____ minutos.

### 2.2.- Contesta las preguntas
1) ¿Cuál es el producto que genero en la primera etapa?
2) ¿Cuál es el producto que genero en la segunda etapa?
3) ¿Cuál es el producto que genero en la tercera etapa?

### 2.3.- Completa la oración
1) La IP es

2) Las IS son

3) Los argumentos son

4) Un ensayo se organiza de lo _____ a lo _____

5) El objetivo de crear un bosquejo es

6) Las evidencias que respaldan mis argumentos pueden ser:

### 2.4.-Contesta las preguntas
1) ¿De qué manera se organiza el ensayo?

2)  ¿De qué manera se inicia cada párrafo?

3) ¿Cómo se conectan las oraciones y párrafos?

4) ¿Desde qué puntos de vista se revisa el ensayo?

## 2.5.- **Indica si la oración es verdadera o falsa**

"INDECO es un acrónimo que significa: Introducción, Desarrollo y Conclusión".

## 2.6.- **Rimando**

Para generar un ensayo bien chido,
el proceso de redacción
en tres etapas divido.

Planificación, escritura y revisión
son las tres etapas
sin ninguna discusión.

En la planificación,
hago un bosquejo
donde mis ideas dejo
...y así ya no me quejo... (ji,ji,ji!).

En la etapa de escritura,
las ideas en palabras convierto.
Junto palabras, junto oraciones
sin olvidar las muletillas,
que me ayudan a avanzar
(sin dejar de pensar).

Al terminar, reviso todo.
Comas y puntos;
ortografía , mayúsculas,
acentuación, márgenes,
errores de tipeo y repeticiones.

Finalmente, mi ensayo está hecho.
Con estos fáciles pasos
a escribir otro ensayo
me voy derecho.

A    c    f    z    r    ?

## 2.7.- Sopa de letras

La **sopa de letras** fue inventada por Pedro Ocón de Oro, un madrileño creador de más de 150 pasatiempos, quien a la edad de 16 años ganó un concurso de crucigramas del diario Madrid; y esto le dio el impulso para crear sus propios juegos.

**Explicación del juego:** Busca en esta cuadrilla las 12 palabras que aparecen abajo y que corresponden a un concepto relacionado con el Proceso de Redacción. Las palabras pueden estar escritas en forma horizontal, vertical o diagonal, de derecha a izquierda o viceversa y de arriba hacia abajo o viceversa.

**Palabras a buscar:** Planificación, escritura, revisión, bosquejo, ensayo, Idea principal, I. secundarias, argumento, forma, fondo, introducción, desarrollo.

| P | L | A | N | I | F | I | C | A | C | I | O | N |
|---|---|---|---|---|---|---|---|---|---|---|---|---|
| D | N | O | I | C | C | U | D | O | R | T | N | I |
| E | S | O | A | A | D | O | D | N | O | F | N | N |
| S | O | T | I | R | R | O | S | A | C | E | O | S |
| A | J | A | A | C | G | U | Y | P | O | I | C | C |
| R | E | P | Z | D | N | U | T | A | S | T | M | N |
| R | U | A | O | F | I | I | M | I | S | I | A | I |
| O | Q | F | O | R | M | A | V | E | R | N | A | R |
| L | S | R | E | O | Q | E | T | P | N | C | E | P |
| L | O | M | E | D | R | U | T | I | A | T | S | A |
| O | B | O | I | M | U | L | C | N | O | C | O | E |
| L | A | P | I | C | N | I | R | P | A | E | D | I |
| E | S | A | I | R | A | D | N | U | C | E | S | I |

# ¿Encontraste las doce? ¡Qué  bien!

## 2.8.- Palabras cruzadas

**Explicación del juego:** Cada columna tiene un concepto o una definición relacionada con el tema. Debes encontrar la palabra correspondiente a la definición o un sinónimo que calce con la cantidad de letras que tiene el espacio, partiendo del número indicado frente a la palabra. Debes colocar una letra en cada casillero. Nota que la palabra debe iniciar en el casillero donde se encuentra el número.

### Horizontal
1.- Producto de la planificación
2.- Producto de la escritura
3.- IP
4.- IS
5.- Repasa o inspecciona tu ensayo.

### Vertical
1.- Desarrollo  invertido
2.- Organización al revés

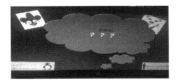

## 3.- Autoevaluación

### Indica si la oración es verdadera (V) o falsa (F)

1 _____ El Proceso de Redacción consta de 3 etapas.

2 _____ Las 3 etapas del Proceso de Redacción son: Introducción, desarrollo y conclusión

3 _____ Los ejemplos sirven para apoyar las ideas secundarias.

4 _____ Las anécdotas deben apuntar a la IP

5 _____ Ir de lo general a lo particular significa partir por la IP, crear argumentos (IS)  y, finalmente, detallar colocando ejemplos,   citas textuales, etc.

6 _____ El producto de la etapa de Planificación es el bosquejo .

7 _____ El producto de la etapa de Escritura es el ensayo corregido.

8 _____ El ensayo se corrige desde dos puntos de vista: la forma y el fondo.

9 _____ El ensayo se organiza de la forma INDECO

10 _____ Para organizarme con mi tiempo, lo recomendado es:
10 minutos para el bosquejo, 30 minutos para escribir el ensayo y 5 minutos para revisarlo y corregirlo.

## Lección 3: Planificar el Bosquejo

### 1.- Bosquejo
**Mira el video (Tiempo: 9':51")**

**Etapa de Planificación**

Para comenzar a hacer estos ejercicios deberás haber visto los videos:
Lección 1: Qué es y en qué consiste un ensayo
Lección 2: Proceso de redacción
Lección 3: Planificar el bosquejo

 **TIP**

**Tómate el tiempo**

¿Cuántos minutos debieras dedicarle al bosquejo?
¿Cuántos minutos te está tomando?

*Quienes rinden culto a la espontaneidad, sin ir más allá de lo que les salga, no irán más allá de lo que les salga.*

*(Marcelo di Marco. Escritor argentino)*

A continuación, te presentamos un bosquejo
en donde se trabaja sobre el siguiente tema:
**"Mi pasatiempo favorito".**

Mi
pasatiempo
favorito (TV)

En primer
lugar
Sin embargo

**1**
**Entretiene**

**2**
**Educa**

Discovery
Channel

música

humor

películas

Plaza
Sésamo

Aprendo
sobre
cocina

**3**
**Informa**

Noticias

Eventos
culturales

Noticias
Internacionales

Estado del
Tiempo

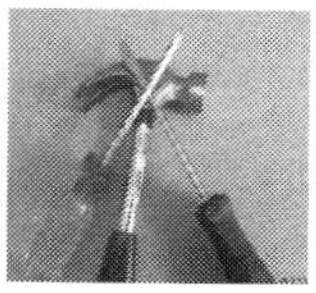

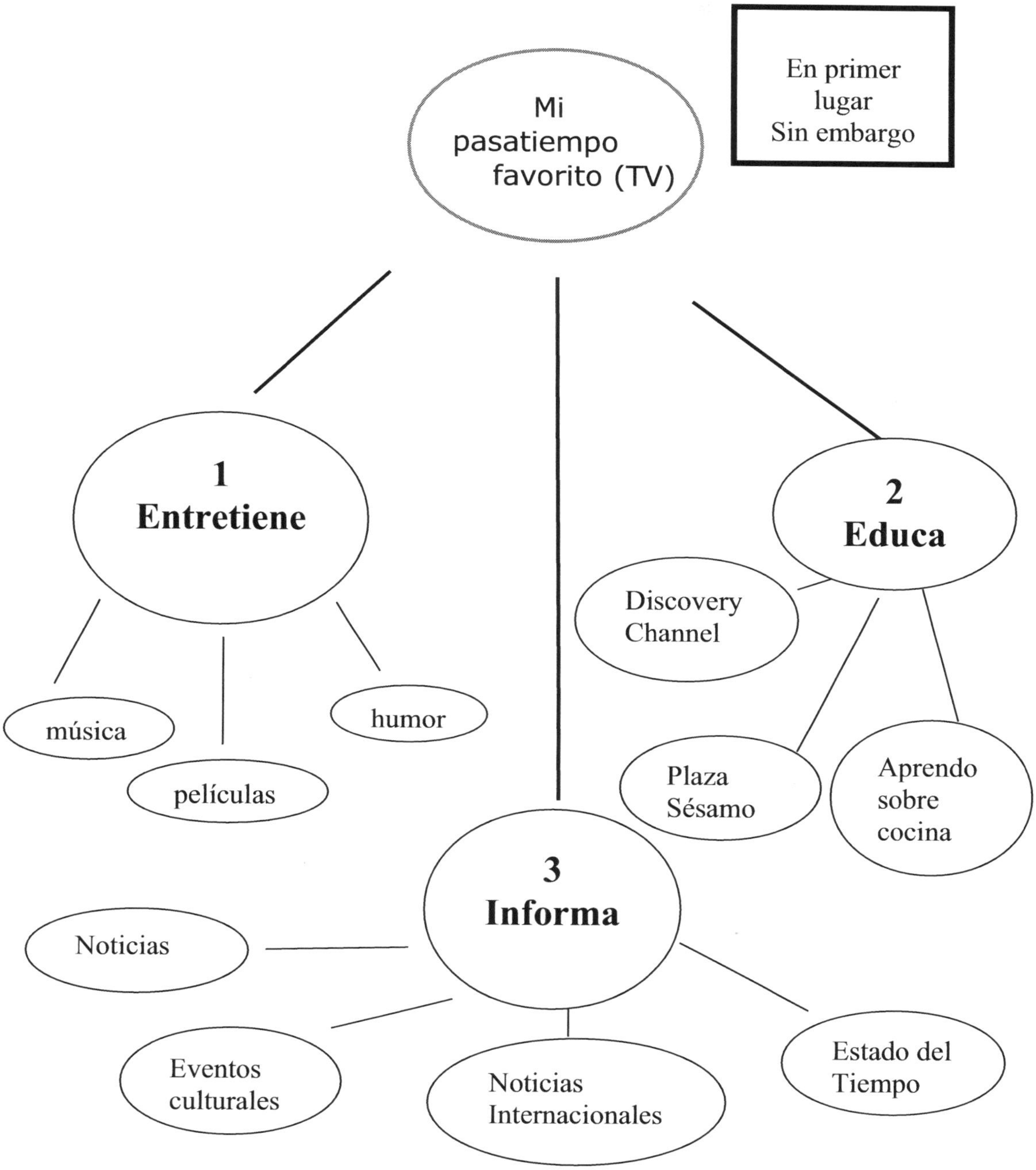

**EVIDENCIAS**

**Como se aprende más haciendo que viendo, ahora haz los ejercicios y realiza los bosquejos de los temas solicitados.**

**Tema 1:** ¿Cuál ha sido la mayor responsabilidad que me llevó a ser adulto?

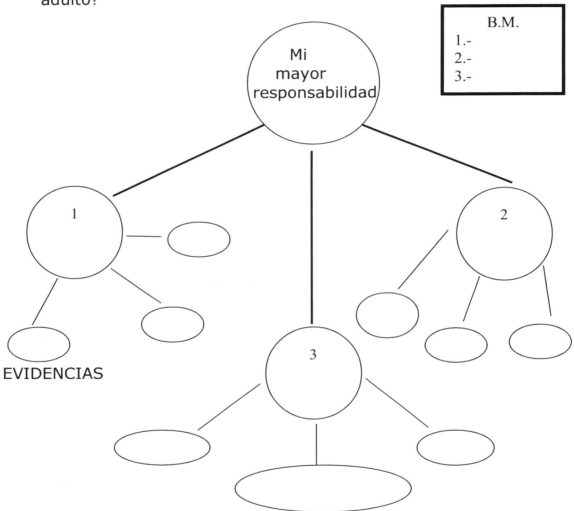

**¡Muy bien... has generado tu primera idea !**

De lo contrario, si no se te ocurre nada, aplica una o todas las técnicas que enseñamos en el video de la Lección 5: **Cómo generar ideas**

**Tema 2:** ¿Cuáles son las características de un buen padre/madre?

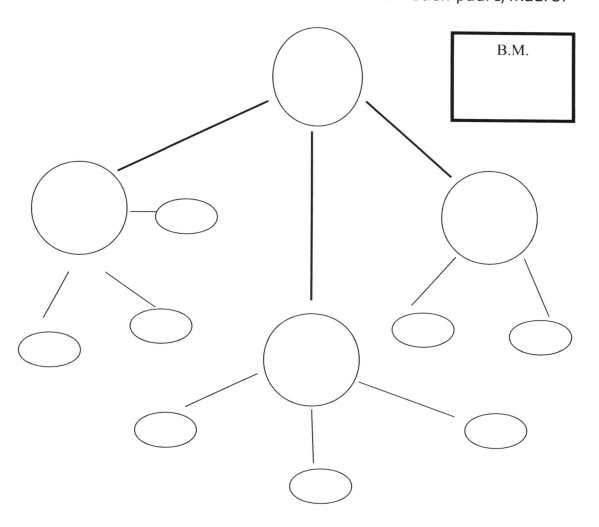

B.M.

## Lo importante es no dejar de hacerse preguntas

*Albert Einstein, físico alemán, nacionalizado suizo y posteriormente estadounidense (1879-1955) Creador de la "Teoría de la Relatividad"*

**Tema 3:** ¿Cómo es la juventud americana actual?

B.M.

*Caminante no hay camino, se hace camino al andar.*
**Antonio Machado, poeta español (1875-1939)**

**Tema 4:** Cuando mueras,  ¿cómo te gustaría que te recordaran?

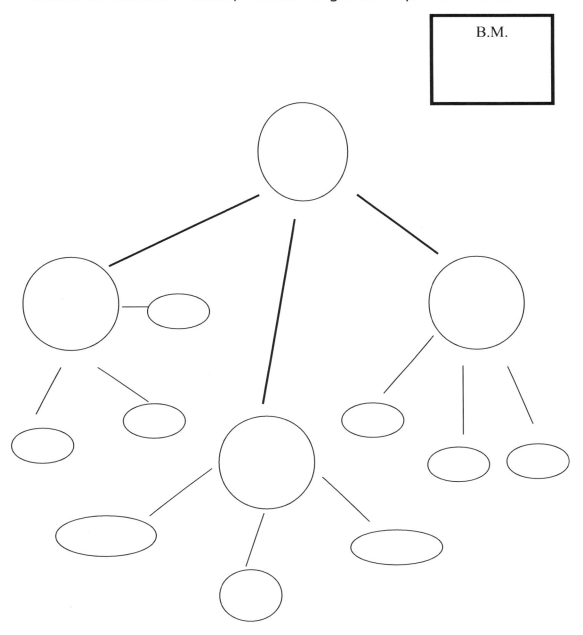

B.M.

**No dejes que se bifurque tu voluntad: un solo camino.**
*Amado Nervo, escritor mexicano (1870-1919)*

**Tema 5:** Si tuvieras que coleccionar algo ¿qué te gustaría?

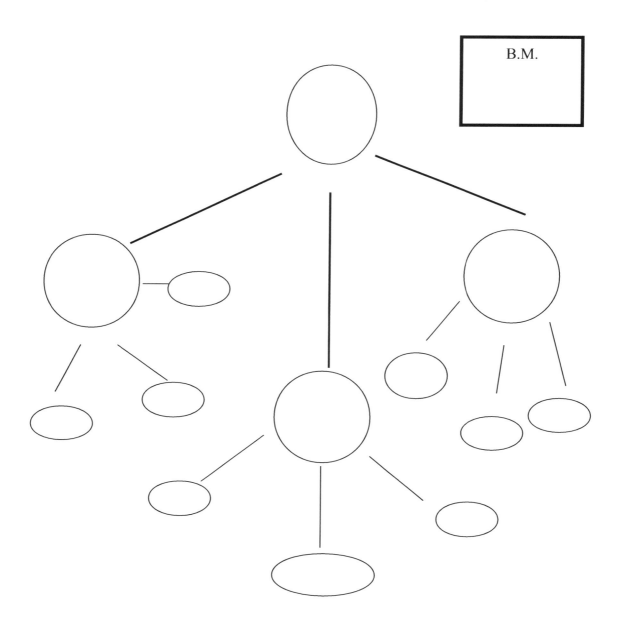

B.M.

# Me prepararé y algún día tendré mi oportunidad.
### Abraham Lincoln, estadista estadounidense (1809-1865)

**Tema 6:** Si  tuvieras que inventar algo ¿qué te gustaría inventar?

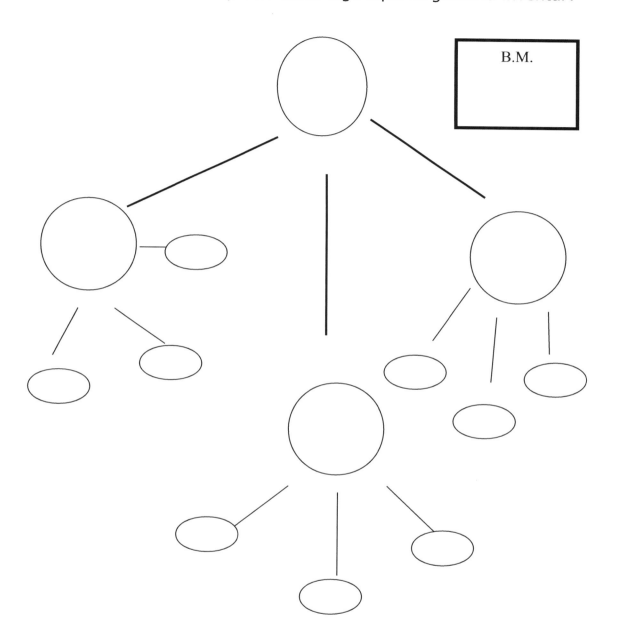

# Nadie se ha ahogado en su propio sudor.
### Ann Landers, periodista estadounidense (1918-2002)

**Tema 7:** ¿Cómo salir del estrés?

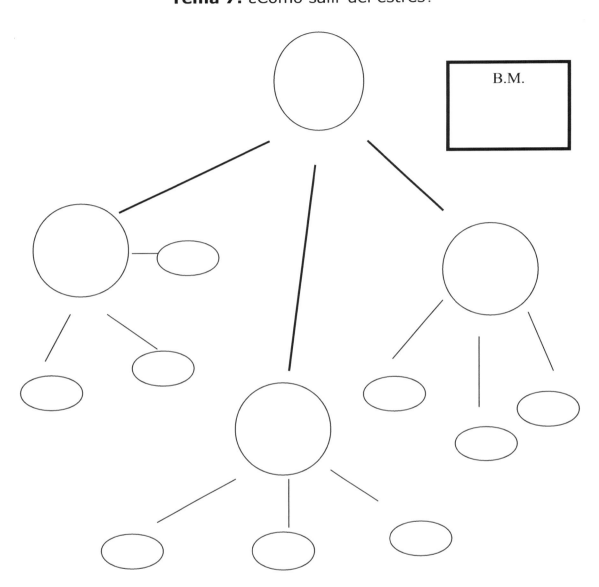

B.M.

***El éxito es una escalera por la que no puedes subir con las manos en los bolsillos.***
***Proverbio estadounidense.***

**Tema 8:** ¿Estás a favor o en contra de la pena de muerte?

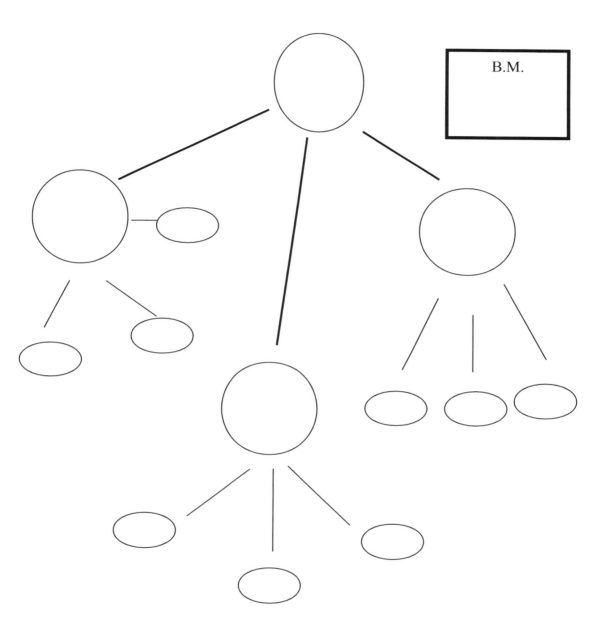

B.M.

***¿Un genio? ¡He practicado catorce horas diarias durante treinta y siete años y, ahora, me llaman genio!***
**Pablo Sarasate, guitarrista español (1844)**

## Tema 9: ¿Qué opinas de hacer gimnasia para bajar de peso?

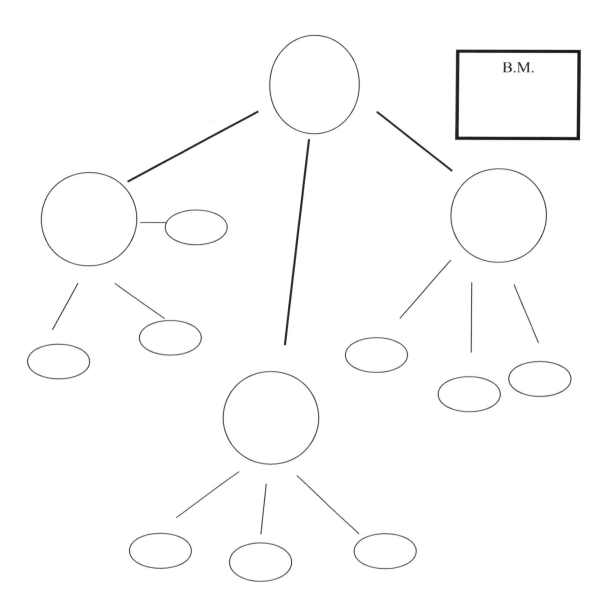

B.M.

***El secreto del éxito es un secreto a voces. Pero son voces que
todos pueden oír y pocos quieren escuchar.***
***Marcel Proust, escritor francés (1871-1922)***

**Tema 10:** ¿Son buenos o malos los juegos digitales?

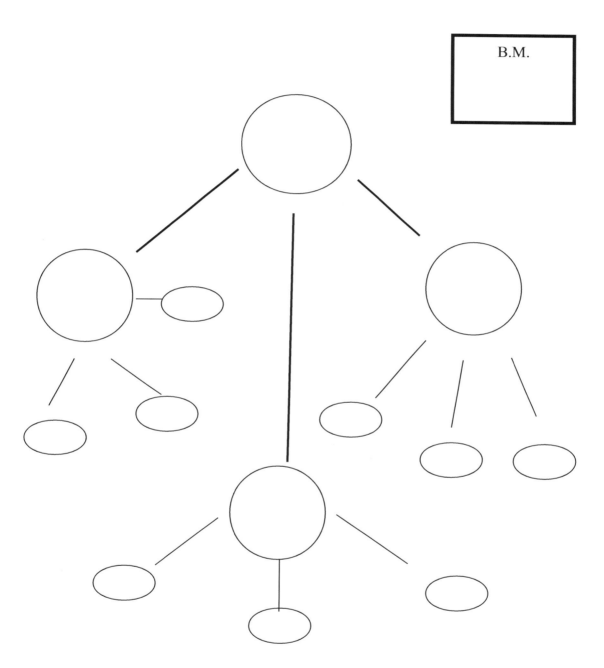

B.M.

*¡Felicitaciones ...*

*has dado tu primer salto !*

## 2.- Juegos, Rimas... y algo más.

### 2.1.- Completa la oración

a)El bosquejo es un _____

b)Lo primero que dibujo en mi bosquejo es el

_____

c)El bosquejo me sirve para _____ mis ideas

d)La IP es el _____ sobre el cual se hablará  en el ensayo

### 2.2.- Rimando

¡Ay, cómo me reborujo!
para evitarlo
un bosquejo dibujo.

Tomo papel y lápiz,
el "Banco de Muletillas"
como una estrella brilla.

Tengo la idea principal
que es el tema a tratar.
Ahora genero imágenes.
¡De esta nube que nadie me baje!

Las técnicas aprendidas aplico.
Me hago preguntas:
¿Qué sé  yo del tópico?
¿Respuestas?  ya tengo cinco.

Mis ideas vuelan...
de la nube al papel,
todas vienen en tropel.

Ideas secundarias
ya tengo varias,
las pongo en mis burbujas
**y ahora a contar historias ...**     **¡para lograr victoria!**

## 2.3.- Sopa de letras

**Explicación del juego:** Busca en esta cuadrilla las 13 palabras que aparecen abajo y que corresponden a un concepto relacionado con el bosquejo. Las palabras pueden estar escritas en forma horizontal, vertical o diagonal, de derecha a izquierda o viceversa y de arriba hacia abajo o viceversa.

**Palabras a buscar:** Muletillas, Idea Principal, motivos, razones, ejemplos, anécdotas, citas, parafraseos, estadísticas, testigo, datos, imagen, porque.

| E | J | E | M | P | L | O | S | I | S | S | E | N |
| E | I | M | A | G | E | N | S | D | O | R | A | N |
| S | S | O | T | A | D | E | A | E | E | T | N | N |
| O | D | T | C | V | N | R | S | A | C | E | E | S |
| V | S | A | A | O | I | A | O | P | O | S | R | A |
| I | L | P | Z | D | R | N | D | R | R | T | M | T |
| T | A | A | O | F | I | E | E | I | L | I | A | I |
| O | R | O | A | R | E | S | L | N | R | G | A | C |
| M | E | R | E | O | Q | U | T | C | M | O | E | S |
| A | A | M | E | D | P | U | T | I | M | O | E | S |
| P | R | O | I | M | T | T | E | P | C | E | M | P |
| S | A | T | O | D | C | E | N | A | I | A | D | D |
| E | S | A | L | L | I | T | E | L | U | M | S | Z |

# ¿Encontraste las trece? ¡Qué bien!
# Entonces, seguimos...

## 2.4.- Jeroglíficos

Los jeroglíficos fueron las primeras escrituras inventadas por los egipcios 3.300 años antes de Cristo (AC) y se basaban en símbolos o figuras reconocibles como animales o partes del cuerpo humano. Estos  signos influyeron en el alfabeto fenicio que fue la fuente para el alfabeto  griego, hebreo y arameo; y a  su vez estos fueron la base para la escritura latina. Los jeroglíficos se grababan en piedra, se tallaban en madera o se escribían con tinta en papiros. La herramienta que se ha utilizado para poder descifrar estos signos es la famosa Piedra Rosetta (Rosetta Stone).

Ahora los utilizaremos solo como un juego de ingenio. Así que imagínate que tú eres un Indiana Jones, el profesor de arqueología en busca del arca perdida, y debes descifrar los jeroglíficos encontrados para llegar  antes que todos a descubrir el objeto sobrenatural (en este caso descubrirás conceptos aprendidos en los videos).

**Explicación del juego:**

Trata de adivinar el concepto que está escrito acá en esta fórmula, colocando sinónimos o significado de los términos dados y los vas sumando,restando o dividiendo según lo que indique el signo matemático.

**Ejemplo:**

Primera letra + sinónimo para zumo o concentrado – TAR + Primera nota musical + abuelo/2

Los jeroglíficos se resuelven de izquierda a derecha, de la misma forma que leemos y se hace de la siguiente manera:

Tomas el primer concepto que es "Primera letra" y la analizas, la primera letra del abecedario es A, por lo tanto, colocarás en el jeroglífico la letra A.

A  + sinónimo para zumo o concentrado – TAR + Primera nota musical + abuelo/2

Ahora, lees el segundo concepto: "sinónimo para zumo o concentrado", te dicen que busques una palabra similar a zumo o concentrado. El resultado es NÉCTAR, entonces lo escribes en la fórmula, es decir, lo sumas al primer término.

A + NÉCTAR  – TAR + Primera nota musical + abuelo/2

El tercer término es TAR, pero tiene antepuesto el signo resta, por lo tanto, podemos deducir que a la palabra  NÉCTAR le debemos quitar las 3 últimas letras (TAR) y nos quedará A+NÉC+

Seguimos con el siguiente término que nos dice "Primera nota musical". Si tomamos la escala musical, la primera nota es DO, entonces la reemplazamos en la fórmula y nos quedará
A+NÉC+DO

Finalmente, tomamos el último concepto: abuelo/2 , esto quiere decir que debemos buscar una palabra similar a la palabra abuelo. En muchos países, al abuelo o al padre se le dice "tata" como un diminutivo, entonces colocamos TATA, pero el concepto debe dividirse por la mitad (/2), según lo que nos dice la fórmula, entonces nos quedará solo TA
Por lo tanto, reemplazando en la fórmula, la palabra encontrada será:

A                    +NÉCTAR                              - TAR+
Primera letra + sinónimo para zumo o concentrado – TAR +

DO                       +TATA
Primera nota musical + abuelo/2

A+ NÉCTAR-TAR+DO+TATA/2.
Trabajando con las operaciones resta y división, nos queda:ANÉCDOTA

**Ahora, inténtalo tú con los siguientes jeroglíficos:**

### 1

*cuarta vocal+ comienzo de risa + gafas -  fas+ nilo/2+ rey ruso*

### 2

*Comienzo de elefante + baile español + segunda vocal + inicio de mamá + combinación de consonantes en platero + vocal cerrada.*

### 3

De moda + tronar-nar + ducto -to + canción sin perro

### 4

Comienzo de dedo + la mitad del sapo + carro/2 + yo mal escrito

### 5

Conclave sin clave + tercera letra + media luna + ilusión-ilu

### *¿Descubriste las palabras?*
### *Bien hecho.*
### *Sigamos jugando...*

## 2.5.- Palabras cruzadas

**Explicación del juego:** Cada columna tiene un concepto o una definición relacionada con el tema. Debes encontrar la palabra correspondiente a la definición o un sinónimo que calce con la cantidad de letras que tiene el espacio, partiendo del número indicado frente a la palabra. Debes colocar una letra en cada casillero. Nota que la palabra debe iniciar en el casillero donde se encuentra el número.

**Horizontal**
1.- Dibujo para organizar ideas
4.- Respalda mis argumentos
7.- Información invertida
8.- En las burbujas coloco las _____

**Vertical**
1.- Lugar de muletillas
2.- Cantidad de IP
3.- Para respaldar las IS
5.- Primero, creo una _____ y las palabras vienen solas.
6.- El bosquejo _____ mis ideas.

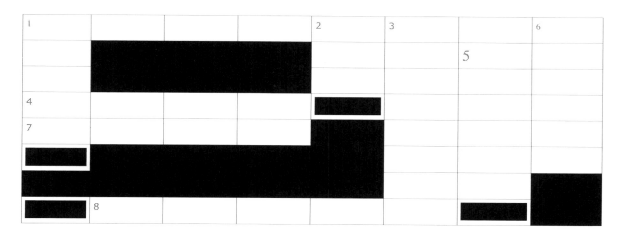

# 3.- Autoevaluación

## Indica si la oración es verdadera (V) o falsa (F)

1 _____ El bosquejo tiene 4 burbujas. En la burbuja central se escribe la conclusión

2 _____ Un ensayo debe tener 3 ideas principales

3 _____ Los ejemplos sirven para apoyar las ideas secundarias.

4 _____ Las anécdotas deben apuntar a la IP

5 _____ Ir de lo general a lo particular significa partir por la IP y detallar colocando ejemplos, citas textuales, etc.

6 _____ Mi bosquejo es el borrador porque no hay tiempo de hacer uno.

7 _____ El bosquejo me da la pauta de cómo iniciar el escrito, qué escribir al medio y cómo debo terminar.

8 _____ Para generar ideas me debo preguntar cómo me relaciono yo con el tema.

9 _____ Puedo dedicarle 20 minutos a hacer el bosquejo

10 _____ Para poder generar tantas palabras debo escribir ejemplos o anécdotas, ellas me darán el blablablá  que necesito.

## *Lección 4: En qué consiste un Ensayo Básico*

**Mira el video (Tiempo: 6':49")**          **Etapa Escritura**

Bien, ya terminaste la primera etapa de tu Proceso de Redacción, el bosquejo, y este es una herramienta muy potente porque te permite saber cómo empezar tu ensayo, qué  vas a escribir al medio y cómo vas a terminarlo... ¡Sí, aunque tú no lo creas! Ya lo verás.

Ahora que hemos creado nuestro bosquejo vamos a la segunda etapa del Proceso de Redacción, escribiremos nuestro ensayo.

Pero antes de ponerte a escribir, debes realizar el siguiente ejercicio para que te aclare lo que hemos visto en los videos:

## 1.- Organización

**Ejercicio 1**
 Toma una hoja de papel y de acuerdo al video de la Lección 4, escribe en cada rectángulo la forma en que se organiza el ensayo, un esquema como el que se muestra aquí, partiendo por el título.

TÍTULO

## Ejercicio 2

En el siguiente ejercicio toma una hoja de papel y dibuja 4 rectángulos como el anterior. Escribe en cada rectángulo qué conceptos debe tener cada parte del ensayo y características como cantidad de espacios o líneas y datos importantes que debes incorporar. Trata de ser lo más detallista posible.

Como ejemplo, haremos el primer rectángulo que corresponde al título, entonces tú continúa con los siguientes rectángulos (sin olvidar colocar a qué párrafo corresponde).

**TÍTULO:** *Centrado, Dejar 3 líneas arriba y 3 líneas abajo. No más de 6 palabras, Empezar con mayúscula. Todas las palabras largas deben estar en mayúsculas. Terminar con un punto. Debe contener la IP.*

## 2.- Título
## 2.1.- ¿Qué título colocar?

El título es solamente una frase que indica el punto central del que se hablará. Hará referencia a la idea principal del texto.

## 2.2.-¿Cómo crear un título?

- Si no se te ocurre nada, espera terminar tu ensayo y subraya las palabras que más se repitan.
- Si ninguna palabra se repite, subraya las palabras que consideres importantes.
- Pregúntate qué quiere decir el conjunto de palabras que subrayaste.
- Pregúntate si podrías utilizar sinónimos para el conjunto de palabras subrayadas.
- ¿Hay alguna palabra que tiene más fuerza que las otras y reflejan el conjunto?
- Las palabras subrayadas ¿reflejan algún concepto?
- ¿Hay alguna palabra clave?

**Ejemplo**

En este poema de una obra de Rafael Alberti, escritor español, se subrayaron las palabras repetidas y las que reflejan una idea importante. Posteriormente, se trataron de relacionar para entender la idea del escritor.

*Presidente: Amarillo te <u>verán</u>, te <u>veremos.</u>*
*Doce mil, quince mil hombres desenterrados,*
*De pie los esqueletos, rígidos, fusilados,*
*Te <u>colgarán</u> la vida. Mejor: te <u>colgaremos</u>.*
       *(Rafael Alberti, español, "13 Bandas y 48 Estrellas", pág. 78)*

**Palabras repetidas:** verán, veremos, colgarán, colgaremos
**Palabras importantes**: hombres desenterrados, esqueletos, fusilados
**Relacionar las palabras:**
Hombres –desenterrados-  colgados – fusilados –

Estas palabras nos dan una idea de que muchos hombres fueron privados de sus vidas de diferentes maneras.

**Ahora, observa la primera palabra y mira cómo está escrita:**

Empieza con mayúscula porque "Presidente" representa un cargo y a continuación tiene dos puntos (:). Normalmente se usa dos puntos cuando invocamos o nos referimos a alguien; o cuando dirigimos un escrito a una persona. Por lo tanto, deducimos que este párrafo se lo está dirigiendo a un mandatario.

**A continuación de los dos puntos está la oración "Amarillo te verán".**

Piensa, qué quiso decir Alberti con ello. ¿Qué refleja el color amarillo en nuestro cuerpo? ¿Cuándo nos ponemos amarillos?  El ser humano generalmente se pone amarillo cuando está enfermo, tiene fiebre, ha pasado por algún susto o cuando la sangre no circula, es decir, cuando está muerto.

**Si enlazas la primera línea (llamado verso en un poema) con la última:**

*Presidente: Amarillo te verán, te veremos.*
*Te colgarán la vida. Mejor: te colgaremos.*

Claramente el autor le está diciendo al gobernante que lo van a matar.

### ¿Qué representa la oración "Mejor: te colgaremos"?

En este caso, el mismo autor se está involucrando en la situación, no es un mero espectador, sino que asume responsabilidad en los hechos y también se hace parte del ajusticiamiento.

Ya que hemos analizado el poema, se pueden sugerir varios títulos que representen la idea principal, algunos pueden ser muy directos y otros más metafóricos. Colocaremos algunos que fueron sugeridos por los propios estudiantes de nuestras clases de GED® en Colorado.

**Título 1:** La venganza
**Título 2**: Se hace justicia
**Título 3**: Presidente asesino
**Título 4:** El despertar de los valientes

# ¿Se te ocurre algún otro?

# 3.- Ejercicios

Haz los ejercicios utilizando la misma forma de análisis que trabajamos en el ejemplo anterior para practicar la manera de crear títulos.

## Ejercicio #1

En este párrafo del conocido libro "Platero y yo" donde el autor viaja con su inseparable amigo, un burrito llamado Platero, se describe la siguiente situación:

*Este árbol, Platero, esta acacia que yo mismo sembré, verde llama que fue creciendo, primavera tras primavera, y que ahora mismo nos cubre con su abundante y franca hoja pasada de sol poniente, era, mientras viví en esta casa, hoy cerrada, el mejor sostén de mi poesía. (...). Hoy, Platero, es dueña de casi todo el corral.*
*(Juan Ramón Jiménez,español, "Platero y Yo", pág. 90)*

## Para analizar este párrafo anota lo siguiente:

a)Palabras repetidas o sinónimos:

b)Palabras importantes:

c)Relaciona palabras:

d)¿Quién está hablando?                          e)¿Con quién ?

f)¿De qué se habla?

g)¿En qué situación se encuentra la casa?

h)¿Qué quiere decir el autor con la siguiente oración:
*"Hoy, Platero, es dueña de casi todo el corral."* ?

i)De acuerdo al autor, ¿qué cosa era *"el mejor sostén de mi poesía"*?

j)¿Qué quiere decir con *"era el mejor sostén de mi poesía"*?

k)¿Cómo es el sentimiento del autor? Circula la palabra que mejor describe el ánimo del autor:

Alegría  -  Tristeza  -  Compañerismo  -  Nostalgia  -  Odio

**l)Título sugerido** _____

## Ejercicio #2

Para entender las complejas reacciones políticas de esta época, hay que partir desde finales del XIX y de la Revolución de 1868, la "Gloriosa" que terminó con el destronamiento de Isabel II y comenzó un nuevo período liberal, que trataba de dar fin a las continuas disensiones internas, protagonistas de todo el siglo XIX. El General Prim, jefe de la Revolución de Septiembre, se mostró partidario de una dinastía democrática y buscó para la corona española un monarca ajeno a los conflictos franco-prusianos (1870-71)

*(Juan Ramón Jiménez, español, "Platero y Yo", pág. 9)*

**Para analizar este párrafo anota lo siguiente:**
a)Palabras repetidas o sinónimos:
b)Palabras importantes:
c)Relaciona palabras:

d)¿En qué país se sitúan los acontecimientos?

e)¿Entre qué años aproximadamente podría haber ocurrido la situación?

f)Busca con Google u otro motor de búsqueda a qué se refiere el gentilicio franco-prusiano.

g)¿Qué es la "Gloriosa"?

h)¿Cuál fue la consecuencia de la "Gloriosa"?

i)¿Qué se entiende con los términos **"continuas disensiones"**? Circula la palabra que mejor los describe:
   Siguientes  –  Permanentes conflictos  – Diciendo –  Extensiones

**j)Título sugerido** _____

### Ejercicio #3

(…) Luego nos habló. Echó su cabeza para un lado, como si fuera un pájaro, y nos preguntó:
- Spare change
- What ?
- You got some spare change?

Enmudecí. No supe cómo responderle. Entendía perfectamente lo que quería (…) Lo que me dejó mudo es que esos gringos tan hermosos, rubios, de ojos azules, tan rebosantes de salud, estuvieran mendigando en las calles. En la América Latina racista de la que proveníamos, el tener ojos claros, pelo dorado y piel blanca era un pasaporte al privilegio, el sello de un origen de clase alta (…). Nuestros limosneros latinoamericanos eran sucios, mutilados, hambrientos, malolientes. (…) No llevaban zapatos porque no podían comprar(…). Me seguían cayendo bien esos "hippies" (…). Me envolví en el conocimiento de las remotas aflicciones y penas que yo había presenciado y de las que ellos no tenían la menor noción, quise sacudirlos, sacudirles la ilusión de los ojos, forzarlos a que despertarán de su sueño tan bello y miraran el mundo verdadero (…).

*(Ariel Dorfman, chileno, "Rumbo al sur, deseando el norte", pág.394- 396)*

### Para analizar este párrafo anota lo siguiente:

a)Palabras repetidas o sinónimos:

b)Palabras importantes:

c)Relaciona palabras:

d)¿En qué país crees que se sitúan los acontecimientos?

e)¿Qué pista da el autor para indicar que los hechos ocurrieron posterior al año 1960?

f)Busca en Google u otro motor de búsqueda el significado de "spare change" , si no lo sabes.

g)¿A qué se refiere el autor con la oración "ellos no tenían la menor noción"?

h)¿Qué palabras reflejan mejor los sentimientos del narrador? Circula las palabras que mejor lo describen:

Sorpresa    –    Felicidad    –        Orgullo –    Rabia -      Indiferencia

i)**Título sugerido** _____

## Ejercicio #4

Nací en medio de la humareda y la mortandad de la Segunda Guerra Mundial y la mayor parte de mi juventud transcurrió esperando que el planeta volara en pedazos cuando alguien apretara distraídamente un botón y se dispararan las bombas atómicas. Nadie esperaba vivir muy largo; andábamos apurados tragándonos cada momento antes que nos sorprendiera el Apocalipsis, de modo que no había tiempo para examinar el propio ombligo y tomar notas, como se usa ahora. Además crecí en Santiago de Chile, donde cualquiera tendencia natural hacia la autocontemplación es cercenada en capullo. El refrán que define el estilo de vida de esa ciudad es: "Camarón que se duerme se lo lleva la corriente".

*(Isabel Allende, chilena, "Mi país inventado", pág. 11)*

**Para analizar este párrafo anota lo siguiente:**

a)Palabras repetidas o sinónimos:


b)Palabras importantes:


c)Relaciona palabras:


d)¿En qué país se sitúan los acontecimientos?


e)¿Qué pista da el autor para indicar que los hechos ocurrieron en la década del '40?

f)Busca en la web de la RAE o WordReference el significado de  la palabra "cercenar", si no lo sabes.

g)¿A qué se refiere el refrán "Camarón que se duerme se lo lleva la corriente"? ¿Por qué la escritora compara a Santiago con este refrán?

h)¿Qué palabras reflejan mejor el ambiente que se vivía en la época que pasó su juventud la autora del texto? Circula las palabras que mejor lo describe:
Contemplación    –    Desesperanza    – Apuro –  Rabia -  Indiferencia

**i)Título sugerido** _____

# ¡Se aprende más haciendo que viendo !

# 4.- Redactando el ensayo

Los siguientes ejercicios consisten en tomar los 10 bosquejos realizados anteriormente y comenzar a escribir el ensayo, partiendo por el título y siguiendo con los demás párrafos tal como vimos en los videos. Si aún tienes dudas, vuelve a ver los videos.

Entonces, piensa en:

¿Dónde comenzarás?

¿Dónde colocarás el título?

¿Dónde escribirás la introducción? ...y así, sucesivamente, hasta completar los 10 ensayos. Debes apoyarte en el bosquejo, si hiciste un buen bosquejo y le dedicaste el tiempo necesario, en él tendrás toda la información. Si no te sientes preparado para escribir un párrafo, haz los siguientes ejercicios antes de partir:

# 4.1.- Colocando los títulos

Tomando como base lo que aprendiste en los videos, revisa tus bosquejos y crea los títulos para tus 10 ensayos. Recuerda las características que debe tener un título:

1)

2)

3)

4)

5)

6)

7)

8)

9)

10)

## 4.2.- Redactando la introducción

¿Recuerdas los elementos que debe tener una introducción?
a) Entonces, en el siguiente ejercicio vas a redactar las introducciones de los 7 primeros bosquejos.

1)

2)

3)

4)

5)

6)

7)

**Cuando sepas una cosa sostén que la sabes; cuando no la sepas, confiesa que no la sabes. En eso está la característica del conocimiento.**
**Confucio. (Filósofo chino –551 AC-479 AC.)**

b) En el siguiente ejercicio vas a redactar la introducción de los 3 bosquejos restantes. Nota que en estos bosquejos, te están haciendo una pregunta dicotómica, es decir, te preguntan "Sí o No", "estás de acuerdo o no". En este caso, deberás pensar en una sola posibilidad, por ende, tendrás que hacer una **tesis** para defender tu posición. Posteriormente, en la Lección 7 te enseñaremos a hacer una tesis, por el momento, solo haz el ejercicio pensando que tienes tres argumentos a favor o tres argumentos en contra, o sea, tomando **una sola** posición (te gusta o no te gusta, estás a favor o en contra).

8)

9)

10)

## 4.3.- Redactando un párrafo

Ahora vamos a la parte que los estudiantes se complican más. Generalmente, en esta etapa, es decir, en el desarrollo del ensayo, es cuando se enredan. Algunos de ellos no saben qué escribir y pasan horas sin escribir ni una palabra. No saben cómo partir y/o tienen miedo a cometer errores. El problema en ese caso es que yo no puedo corregir (si no tengo nada para leer ¿qué voy a corregir?). El problema opuesto sucede cuando hay estudiantes que escriben mucho porque piensan que así su ensayo se verá mejor, pero de tanto escribir no se enfocan en el tópico, entregan mucha información que no es relevante o solamente divagan.

En primer lugar, debes pensar que ninguna persona nació con el conocimientos en sus manos. Todos aprendimos de los errores. Solamente el que no comete errores es porque nada hace. Así que no tengas miedo a equivocarte. Ya tendrás tiempo para corregir. Lo importante en esta etapa es que comiences a escribir. Para ello, revisa los videos donde te enseño técnicas para generar ideas. Pero empieza ¡ya!

La solución para el segundo caso, aquellos que escriben mucho, es que una vez que escriban su ensayo deben limpiarlo, eliminando lo que sobra, como digo en uno de los videos: "En una mano el lápiz, en la otra la tijera".

Cada argumento o IS debe estar respaldado con **evidencias**. En el caso de los ensayos básicos, la mayoría de los temas son preguntas personales, donde tus evidencias se construyen en base a tu propia experiencia, por tanto, debes contar alguna anécdota, alguna vivencia. ¿Te acuerdas del video donde el chico explicaba por qué consideraba a su mejor amigo una persona leal? ¿Qué evidencia presentaba para respaldar lo que decía? ¿Cómo el amigo le había demostrado su lealtad? Bueno, de eso se trata: cada argumento que das debe tener una evidencia que lo respalde. No olvides enfocarte en el tema y eliminar elementos repetidos, tanto palabras como ideas.

Piensa que un párrafo del desarrollo es un mini-ensayo dentro de un ensayo, es decir, debes partir con una breve introducción al tópico (una oración que presente tu IS) y continuar entregando evidencias que sustenten tus argumentos. Puedes usar unas dos evidencias de diferente tipo, por ejemplo, puedes partir con una anécdota, o sea, una pequeña historia y le agregas una cita textual o parafraseo de alguna idea que refleje tu historia o que demuestre lo aprendido. Si tienes alguna información histórica o un dato investigativo, mejor aún.  Finalmente, para redondear tu enfoque, cierras con una breve conclusión al argumento (a la IS que estás tratando). Esta oración puede resumir lo que aprendiste, cómo superaste el problema, qué enseñanza te dejó, etc.

No olvides de usar muletillas para comenzar cada párrafo y muletillas para conectar cada oración dentro del párrafo.

Los 3 párrafos del desarrollo de tu ensayo deben estar estructurados de la manera que recién te mostré.

Antes de ir a escribir los ensayos, date el tiempo de realizar los siguientes ejercicios, ellos te van aclarar un poco más el panorama.

## Ejercicio #1

Trabaja con lápices de varios colores.
Lee el párrafo y circula la IP. Subraya o remarca la IS o argumento y con un lápiz de distinto color, selecciona las evidencias que apoyan el argumento y, finalmente, contesta las preguntas:

## Comprensión de lectura

La comprensión de lectura es una de las habilidades más importantes que se mide en el examen de GED, pero no solo para esta prueba, sino que servirá para toda la vida. Leer comprensivamente implica la capacidad de interpretar un texto. De acuerdo a Daniel Cassany en su libro *Enseñando lengua*, plantea que la escolarización no siempre consigue el objetivo de la lectura en todos sus alumnos.

Existen muchos propósitos cuando tomamos un libro o documento, como ser: leer para aprender, leer para informarse, leer para entender un instructivo, leer para analizar, leer en forma crítica o leer por placer.

Pero cualquiera que sea nuestra meta, debemos ser capaces de interpretar un texto, esto quiere decir: entender lo que se lee, conectar ideas, relacionarlas, ser capaz de analizar la información y obtener nuestras propias conclusiones a partir de los hechos presentados. Es por tal razón que Jesús Amado Moya escribió un libro específicamente para enseñar estrategias de lectura comprensiva en Ciencias (*El lenguaje científico y la lectura comprensiva en el área de Ciencias*). Leer sin entender es como leer un papel en blanco.

1.- ¿Cuál es la IP del texto?

2.- ¿Cuál es el argumento que apoya la IP?

3.- ¿Cuáles son las evidencias que apoyan el argumento o IS?

a) _____

b) _____

4.- ¿Qué conclusión presenta el autor del texto?

 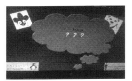

## Ejercicio #2

Trabaja con lápices de varios colores. Lee el párrafo y circula la IP. Subraya o remarca la IS o el argumento y con un lápiz de distinto color, selecciona las evidencias que apoyan el argumento y contesta las preguntas:

### La importancia de hacer preguntas

Hacer y/o hacerse preguntas es una de las cosas más importantes para entender el mundo que nos rodea. Nuestra capacidad de raciocinio es lo que nos hace diferentes del resto de los animales. La web de la biblioteca de la Scuola italiana ( http://bibliotecascuolaitalianavina.blogspot.com/2012/09/como-se-descubrio-el-fuego.html) explica cómo el hombre descubrió el fuego, cito: "Se dice que el fuego existe desde hace más de 5 millones de años. Sin embargo, el Homo erectus solo hizo uso de la manifestación visual de la combustión hace tan solo 500.000 años atrás. Una vez que el Homo erectus conoció el fuego, fue capaz de crearlo de varias maneras, por ejemplo, frotando un palo de punta contra un tronco, raspando rápidamente dos piedras, o rozando una cuerda contra una madera". Probablemente, el hombre primitivo observaba la naturaleza y se hacía preguntas tales como: ¿Por qué existe? ¿Para qué me puede servir? ¿Cómo lo puedo reproducir? Ya los filósofos griegos, 500 años A.C., se hacían preguntas para cuestionar la existencia del hombre sobre la Tierra. Uno de ellos, Sócrates, tenía la costumbre de plantearle cuestionamientos a sus estudiantes, colegas y amigos para ahondar en algún problema, a ello se le llamó el Método Socrático (Wikipedia). Justamente, la Ciencia nace como disciplina, principalmente,  de la necesidad de contestar las preguntas que solían hacerse los científicos para tratar de encontrar respuestas a los fenómenos naturales. Albert Einstein, el científico alemán, decía: "Lo importante es no dejar de hacerse preguntas". Los niños tienen una curiosidad natural, situación que se agudiza entre los 4 y 7 años de edad. Están ávidos de saber. Es la época de los porqués. Es un momento sin prejuicios ni tabúes. Pero desaparece poco tiempo después. El  mismo Einstein atribuía su inteligencia, precisamente, al hecho de que mientras su lado matemático se desarrollaba, no perdió la capacidad de asombro que los niños tienen y que la mayoría suele perder cuando entran en la edad escolar. Comienza una etapa de pasividad donde se apaga el pensamiento crítico. Los sicólogos dicen que plantearte  preguntas te lleva a límites insospechados, te permite explorar nuevos caminos, como dicen los americanos: "thinking outside the box" (piensa fuera de la caja). Cada interrogante te muestra una nueva perspectiva y es una semilla de crecimiento. Con cada cuestionamiento se abre tu mente al raciocinio y a la creatividad.  Por eso te invito a que practiques tu creatividad haciéndote preguntas, recurre a tu niñez y trata de hacer consultas que nunca te respondieron, las cuales nunca averiguaste o que siempre quisiste saber y nunca tuviste tiempo de aclarar.  Haz una lista de los porqués.  Aquí, lo importante no son las respuestas, sino las interpelaciones que te van a llevar a abrir tu mente a un sinfín de posibilidades.

1.- ¿Cuál es la IP del texto?

2.- ¿Cuál es el argumento que apoya la IP?

3.- ¿Cuáles son las evidencias que apoyan el argumento o IS?

a)
b)
c)
d)

 4.- ¿Qué conclusión y/o recomendación presenta el autor del texto?

*Nunca consideres el estudio como una obligación, sino como una oportunidad para penetrar en el bello y maravilloso mundo del saber.*
*(Albert Einstein, alemán, Premio Nobel de Física)*

Me imagino que con los ejercicios anteriores te quedó más claro qué debes hacer en tus ensayos, entonces, pongámonos a trabajar...

## 4.4.- Redactando un ensayo completo
**Tema 1:** ¿Cuál ha sido la mayor responsabilidad que me llevó a ser adulto?

### No olvides colocar el título aquí

### ¿Sabes ya cómo hacer la introducción?
Entonces, escríbela aquí

## Desarrolla la primera idea secundaria ( Burbuja 1)


## Desarrolla la segunda idea secundaria ( Burbuja 2)

# ¡No olvides *los márgenes y espacios* !

## Desarrolla la tercera idea secundaria ( Burbuja 3)

**¿Qué debe tener la conclusión? Si lo tienes claro, redacta la conclusión aquí.**

## Tema 2: ¿Cuáles son las características de un buen padre/madre ?

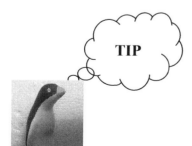

**Dale fluidez a tu ensayo**

## Tema 3: ¿Cómo es la juventud americana actual?

**¡Cuidado con los juicios de valor!**

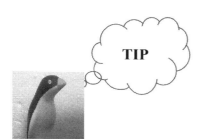

**Piensa en los elementos que debe tener la conclusión**

## Tema 4: Cuando mueras, ¿cómo te gustaría que te recordaran?

**TIPS**

**No olvides las muletillas**

**Un grano no hace granero, pero ayuda al compañero.**

**(Refrán popular)**

## **Tema 5 :** Si tuvieras que coleccionar algo ¿qué te gustaría?

## ¡Ay, si pudiéramos aprender a aprender a tiempo!

### Enrique Solari, dramaturgo peruano (1918-1995)

**Tema 6:** Si  tuvieras que inventar algo

¿qué te gustaría inventar?

**No olvides revisar la ortografía**

# Tema 7: ¿Cómo salir del estrés?

**La práctica hace al maestro**

**(Refrán popular)**

## *Lección 5: Cómo generar ideas*
# Mira el video

Esta lección está dirigida a quienes han tenido problemas al generar ideas para su bosquejo. Una vez que hayas trabajado con esta lección, vuelve a repasar los bosquejos de la lección 3 para completarlos.

Primero, deberás tratar de generar la mayor cantidad de ideas posibles y después seleccionar las que te parezcan mejores y descartar las otras. Al generar ideas, las plasmarás en un bosquejo. El objetivo de este bosquejo o dibujo es crear y ordenar ideas para luego apoyarlas con argumentos.

Puedes usar una de las 3 técnicas que mostramos en el video:
1.- **"Tormenta de ideas"(Brainstorming)** acuñada por Alex Faickney Osborn quien desarrolló esta técnica como una manera de resolver problemas en forma creativa.
   **2.- Escritura libre**
   **3.- Monísticamente hablando**

**Hazte las preguntas que planteamos en el video para conectarte con el tema.**

## ¿Cuál ha sido la mayor responsabilidad que me llevó a ser adulto?

Estoy tomando un tema personal porque si lo analizamos, la persona que más conocemos somos nosotros mismos, es decir, no necesito conocer sobre un tema en particular y si lo pensamos, nadie conocerá este tema mejor que yo. Ahora, si no deseas hablar de ti, no te preocupes, inventa, crea una fantasía. Aquí no se trata de contar tu vida si no lo quieres hacer, esto es solo un ejercicio de redacción. Nadie va a juzgarte, lo que queremos hacer con este ejercicio es que aprendas a redactar. Aquí no habrá respuestas buenas o malas, solo ensayos bien o mal desarrollados, bien o mal organizados, coherentes o confusos, con buena o mala ortografía.

En primer lugar, respira profundo. Eso te ayudará a relajarte, permitirá que te llegue oxígeno a tu cerebro estimulando tus neuronas y hará que pienses más claramente.  Ahora, reflexiona sobre el tema.

Toma las palabras claves ⟹ mayor responsabilidad / adulto

Piensa en tu niñez
Mientras lees las preguntas
anota en la nube lo que se ⟹
te ocurra o recuerdas.

¿Cómo fue?  ¿Alegre? ¿Triste?
¿Tenías apoyo de tus padres?
¿Cómo era la relación con ellos?
¿Fuiste criado por ellos?
¿Por otra persona? ¿Por qué? ¿Tus hermanos?
¿Cómo era la relación con ellos? ¿Te sentías bien con ellos?
¿Cómo fue tu juventud?

¿Qué acontecimiento sucedió en tu familia que los haya golpeado
 fuertemente?
¿La muerte de un hermano?
¿De tu mamá?
¿Perdieron dinero?
¿El abandono de tu padre?
¿Un incendio? ¿Un terremoto?
¿Tuviste que empezar a trabajar
desde muy pequeño?
¿Emigraste a otra ciudad? ¿A otro país?
¿Hubo problemas de choque cultural?
¿Tuviste que aprender un nuevo idioma?
¿Te sentiste discriminado?
¿Fuiste objeto de matonaje por parte de vecinos
/ compañeros de escuela?
¿Algún tipo de abuso?
¿Te enamoraste y te casaste?
¿Hijos?

**...¡y ya está !**

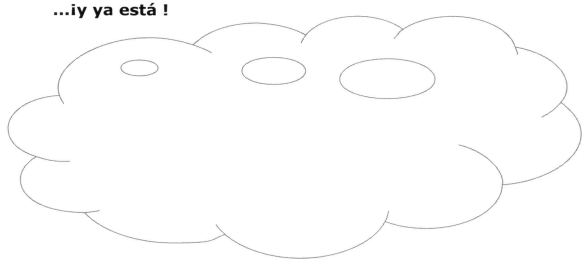

¿Cuántas ideas se te han venido a la mente? Entonces, antes que se te olviden, anótalas en tu bosquejo.

Una vez que ya tengas varias ideas y, en tu mente, hayas repasado tu vida juvenil, comienza por clasificar, agrupar o seleccionar los acontecimientos; puede que algunos sean muy similares o consecuencias de otro, entonces júntalos y crea una sola idea. Recuerda tomar  solo tres ideas, las tres tienen que ser diferentes, pero enfocadas en la IP.

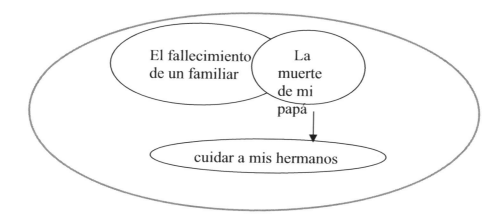

**Estas 3 ideas las pueden unir en una sola.**

No olvides que el bosquejo es solo un organizador de tus ideas y un recordatorio de lo que vas a escribir. <u>Este no es el ensayo</u>, es solo un borrador de tu ensayo.

# 1.- Monísticamente hablando

Una de las técnicas para generar ideas que recomiendo en los videos le llamo "Monísticamente hablando"  y esta herramienta es ideal para gente que aprende kinestésicamente, es decir, involucrando todo su cuerpo. Básicamente, consiste en dibujar las imágenes, palabras o conceptos que se nos viene a la mente. Similar a los mapas mentales o conceptuales, pero mucho más libre. Sin ningún tipo de reglas. Aquí no importa cómo los dibujes, qué elementos utilices y cómo debieras usarlos. Lo importante es que vayas repasando en tu mente lo que has retenido durante este nivel. Ahora, aplicaremos la misma técnica para tratar de recordar el Proceso de Redacción.

Toma lápiz y papel o si prefieres hacerlo con algún software, puede ser Word, Powerpoint o cualquier otro; y comienza a escribir o dibujar todo lo que recuerdas de cómo hacer un ensayo. Parte de lo general a lo particular, es decir, separa tu hoja en 3 y en cada parte colocarás una etapa (Planificación, Escritura y Revisión) y comienza a rellenar con palabras, ideas o conceptos que recuerdes en cada etapa. Si prefieres, puedes tomar 3 hojas y en cada hoja dibujas los conceptos que recuerdes relacionados con cada etapa, es decir, usa una hoja para cada etapa.

Si te gusta colorear, hazlo. Si te gusta hacer burbujas, nubes, cubos, rectángulos lo que sea, úsalos para ir guardando tus conceptos. Los puedes unir con líneas o flechas. Los puedes anidar (en orden jerárquico) o relacionarlos al mismo nivel. No mires el libro, tus apuntes ni videos; solo lanza al papel lo que recuerdes. Una vez que hayas agotado todas tus ideas puedes ir revisando tus apuntes para completar el mapa. Posteriormente, guárdalo; esto te servirá para repasar la materia un par de días antes de dar tu examen.

Para que tengas una idea de lo que estoy hablando, aquí te muestro una imagen de algunos de los "monos"que realizó una de nuestras estudiantes de las clases presenciales en Denver, Colorado (Alejandra Velázquez).

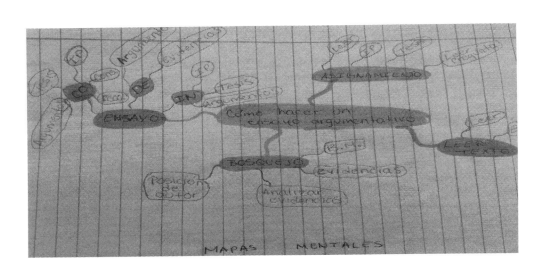

Vuelve a los ejercicios de la lección 3 para que sigas practicando las técnicas para generar ideas y dibujarás tu bosquejo de acuerdo a los temas dados. Si tienes dudas, vuelve a ver el video o guíate por los ejemplos dados.

No olvides que lo primero que tendrás que dibujar en el bosquejo (antes que las burbujas) es tu B.M. En la lección 6 encontrarás más de 200 muletillas agrupadas por funciones. Recoge una de cada una y anótalas en tu B.M. Entonces, en tu B.M. debes tener, al menos, 9 muletillas para utilizar posteriormente al redactar tu ensayo.

¿Más dudas? Puedes preguntar a nuestros maestros, nos puedes contactar a través de nuestro email o a través de los foros de las redes sociales.

**Practica con los juegos digitales**

*En los momentos de crisis, solo la imaginación es más importante que el conocimiento.*
*(Alb*

## Lección 6: Cómo darle fluidez a un ensayo

## 6.1.- Diferencia entre frases, oraciones y párrafos

Muchas veces se usa indistintamente la palabra **frase** como sinónimo de **oración**, sin embargo, todas las oraciones son frases, pero no todas las frases son oración.

No, no es un trabalenguas, es la verdad y explicaremos la diferencia.

Una oración tiene **verbo**, en cambio la frase no tiene verbo.

El verbo indica la acción que se realiza en la oración. (Estos conceptos los trabajaremos en detalle en el Nivel 2).

Un párrafo está compuesto de una o varias oraciones interrelacionadas y termina con un punto aparte como ya los hemos confeccionado en los ensayos.

Un texto está compuesto de varios párrafos.

De acuerdo a los videos vistos, un ensayo debe tener unidad y fluidez y para ello debemos saber conectar las oraciones y párrafos de una forma elegante. Una forma de enlazarlos es usando las muletillas que veremos a continuación.

**Practica, practica, practica.**

## 6.2.- Muletillas

Para saber lo que son las muletillas y cuando usarlas revisa el **Video de la Lección # 6 : "Como darle fluidez al ensayo".**

Aquí tienes más de 200 muletillas que puedes usar según lo que quieras escribir. Comienza a usarlas desde ya hasta familiarizarte con ellas. Elige las que mejores te parezcan, aquellas con las cuales te sientas más cómod@

### ¡ Pero empieza ya!

| 1.- Muletillas utilizadas para iniciar o seguir cada párrafo | | |
| --- | --- | --- |
| En primer lugar, | Para continuar, | En tercer lugar, |
| Primeramente, | Para finalizar, | En segundo lugar, |
| Para comenzar, | Finalmente, | Siguiendo |
| Comenzando, | Entonces | La primera razón |

| 2.- Muletillas utilizadas para concluir el ensayo ||| 
|---|---|---|
| Para concluir | Esto demuestra | Sucintamente, |
| Consecuentemente, | Redondeando | Sintetizando, |
| Resumiendo, | En síntesis, | En resumen, |
| Finalmente, | En resumen, | Para finalizar, |
| Esto lleva a concluir | Concluyendo, | Así para concluir |
| Como conclusión, | En conclusión, | Por lo tanto, |
| Para terminar, | Por esta razón, | Para cerrar |

| 3.- Muletillas utilizadas para continuar con la idea o reafirmarla |||
|---|---|---|
| Asimismo, | Enseguida | Después de todo, |
| Adicionalmente, | Ciertamente | A menos que |
| Agregando a esto, | Entonces | Porque |
| Continuando, | Así | Mientras |
| De esta misma manera, | Efectivamente | Mientras tanto |
| Posiblemente, | Seguramente | Hasta cuando |
| Probablemente | Sin duda | Sin duda |
| Luego | , o sea, | También |
| , es decir, | y | De hecho, |

| 4.- Muletillas utilizadas para comparar ideas |||
|---|---|---|
| Como | Análogo a | Igualmente |
| De nuevo | De la misma manera | Similar a |
| También | Similarmente | Parecido a |
| Semejante a | Entonces | Estas similitudes |
| Equivalente a | Ambos | Converger en la idea |
| Confluyen | Concurrentemente | Viendo como |
| Se relacionan | Se parecen en | Congregando ambas |
| Uniendo los objetos | convergen en | Se unen en |

## 5.- Muletillas utilizadas para contrastar u oponerse a algo

| | | |
|---|---|---|
| Pero, | En contraste a, | Por otra parte, |
| Sin embargo, | Se contraponen | A pesar de |
| Por otro lado, | Solamente | Irónicamente |
| De lo contrario, | Tampoco | Por un lado, |
| En oposición a | Jamás | Es dudoso |
| Aunque | Nunca | Aun |
| Contrariamente | Opuesto a | No debemos olvidar |

## 6.- Muletillas utilizadas para dudar sobre algo

| | | |
|---|---|---|
| Tal vez, | Quizás | Dudosamente |
| En el supuesto que | Si es que | Es improbable |
| Es incierto | Pudiera ser | Aun cuando |
| Puede ser | Probablemente | Acaso |
| Inciertamente | A lo mejor | Si hubiera |

## 7.- Muletillas utilizadas para enlazar relación Causa-Efecto

| | | |
|---|---|---|
| Afecta | Trae a | Contribuye |
| Causa | Cambia | Incrementa |
| Conduce a | Inversamente | Genera |
| Gatilla | Finalizar | Anima |
| Induce | Crea | Conlleva |
| Introduce | Revoluciona | Reafirma |
| Resulta | Produce | Lleva a |
| Comienza | Estimula | Consecuentemente |
| Revela | Se obtiene | Reduce |
| Para | Entrega | En consecuencia |
| Genera | A raíz de | Por lo tanto |
| Como resultado, | Esto prueba que | Como efecto de |
| Esto demuestra | Crea /engendra/origina | Determina |
| Provoca | Descubre | Detecta |

## 8.- Muletillas utilizadas para tiempo o secuencia de acontecimientos

| | | |
|---|---|---|
| Actualmente | Segundos después | Corría el año |
| Hoy en día | A finales de | En la primavera de |
| Años atrás | Al comienzo | A continuación |
| En la década de | Subsecuentemente | Enseguida |
| En el último siglo | Periódicamente | Antiguamente |
| Primero | Anteriormente | En los años venideros |
| A principios del verano | Posteriormente | A comienzos de la era |
| Recientemente | En el siglo anterior | En los años siguientes |
| En los días posteriores | Ahora | Antes |
| Segundo | Tercero | Al final |
| Antes de | Posterior a | Entre |
| Durante | En el intertanto | Eventualmente |

## 9.- Muletillas utilizadas para trabajar con ejemplos

| | |
|---|---|
| Por ejemplo | Mi próximo ejemplo |
| Para ilustrar | Los hechos ocurrieron así |
| Mi punto de vista | Un caso que refleja mi punto |
| Un ejemplo de esto | El siguiente hecho |
| El caso siguiente | Como cosa anecdótica |
| Les voy a relatar | La siguiente narración |
| Para ejemplificar / El asunto que paso a relatar | El suceso que a continuación les presento |
| El siguiente caso | La proesa a que me refiero es |
| La aventura fue | La siguiente situación refleja |
| La gesta es/ La siguiente hazaña | Déjenme contarles una historia |
| La peripecia fue/ Aquel evento Un típico caso/ | La siguiente anécdota ilustra mi punto de vista |

## 6.3.- Autoevaluación

1.- ¿Para qué se usan las muletillas?

2.- ¿Qué muletillas se podrían usar para conectar oraciones ?

3.- ¿Qué muletillas podrían usarse para iniciar el primer párrafo?

4.- ¿Qué muletillas podrían usarse para iniciar el Segundo párrafo?

5.- ¿Qué muletillas podrías usar para iniciar el tercer párrafo?

6.- ¿Qué muletillas se podrían usar para comparar ideas?

7.- ¿Qué muletillas se podrían usar para contrastar ideas?

8.- ¿Qué muletillas se podrían usar para definir los efectos de una situación?

9.- ¿Qué muletillas se podrían usar para reafirmar una idea?

10.- ¿Qué muletillas se podrían usar para continuar con la misma idea?

11.- ¿Qué muletillas se podrían usar para expresar dudas sobre la idea?

12.- ¿Qué muletillas se podrían usar para indicar una secuencia de tiempo?

13.- ¿Qué muletillas se podrían usar para concluir un ensayo?

14.- ¿Qué signos de puntuación podría colocarse después de una muletilla ?

15.- Qué signos de puntuación se colocan en las muletillas siguientes (considere colocar antes y/o después y ojo con las mayúsculas) :

a)    Es decir          b)    sin embargo      c)    o sea
d)    Primeramente      e)    pero

**Tus resultados están en directa relación con el tiempo que le hayas dedicado al estudio.**

## 6.4.- Conectando oraciones

Selecciona las muletillas que mejor ayudarían a conectar las oraciones o párrafos y colócalas en los espacios en blanco:

| Comenzando | Sin embargo | Adicionalmente | Además | Finalmente | Para ilustrar |
|---|---|---|---|---|---|

Creo que los juegos de video son un pasatiempo que le producen mucho daño a los niños ya que  los enajena, no les desarrolla la creatividad y los hace sedentarios. No estoy de acuerdo en que se les permita a los niños participar en los juegos de videos, ya que son un elemento peligroso en el proceso de crecimiento de los infantes.

*(a) _____ quiero plantear que los juegos de video enajenan a los niños. Con esto quiero decir que los aleja de su realidad. (b)_____, se desconectan del medio donde habitan pasando  a ser su vida una sombra de la vida virtual. (c)_____, les contaré que mi hijo se ha convertido en un adicto a ellos, dejando muchas veces de hacer sus deberes escolares y los asignados en la casa con tal de tener tiempo para sus juegos. (d) _____, yo no lo culpo a él, pienso que en gran parte he sido yo quien lo ha descuidado. (e) _____, le he fomentado  el vicio, permitiendo que compre todo tipo de juegos. (f) _____, no he sido lo suficientemente estricto como para poner reglas en cuanto a horarios o condiciones para que juegue.*

## Lección 7: Cómo hacer una Tesis

En los siguientes ensayos te pedirán tu opinión o que tomes una posición con respecto al tema. En tal caso, lo primero que debes hacer es crearte una **tesis**, para ello mira el video de la Lección 7: **"Cómo hacer una tesis "** y estudia bien las oraciones modelos para escribir una tesis.

Haremos algunos ejercicios de creación de tesis antes de que escribas los restantes ensayos.

**Mira el video (Tiempo: 12'9")**

## Visita las tarjetas relámpagos y los juegos digitales

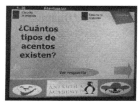

# 7.1.- Autoevaluación

**Contesta las siguientes preguntas:**

1.- ¿Qué es una tesis?

2.- ¿Qué elementos, al menos, debe tener una tesis?

3.- ¿Cuáles pueden ser los propósitos de una tesis? Nombra algunos

# 7.2.- Ejercicios

De acuerdo a lo que has visto en el video, redacta una tesis para las siguientes preguntas y escribe un posible título para el ensayo:

1.- ¿Debieran los padres regular el uso de dispositivos móviles de sus hijos o consideras que atentan contra los derechos de los niños?

TÍTULO:

TESIS:

2.- ¿Crees tú que el calentamiento global existe o piensas que es obra de los chinos buscando una estrategia para desarticular el poderío estadounidense (como lo ha dicho el Presidente Trump ) ?

TÍTULO:

TESIS:

3.- Han aparecido fotos en los medios de comunicación de gente que se dedica a la caza de elefantes, una práctica prohibida desde hace muchos años debido al peligro de extinción que se encuentra esta especie. En este escándalo han estado involucrados personajes como un hijo de Donald Trump y Juan Carlos, el Rey de España, quien además, ostentaba el título de "Presidente Honorario" de la   conocida Sociedad de

Protección a la Vida Salvaje  (WWF).  ¿Piensas que ellos han abusado de su poder, ya sea político como económico, para realizar estas matanzas? ¿Crees tú que se les debiera juzgar como criminales contra la sociedad para que sirva de escarmiento?  o  ¿Crees que los culpables no son ellos sino quienes fomentan estas prácticas como las compañías que las organizan y promueven?  ¿Crees que esto debiera quedar impune o debiera ser castigado como cualquier crimen? Las sanciones, en general, depende de cada jurisdicción, en algunos lugares se considera como un delito menor. En cambio, el FBI, a partir del año 2016, considera los actos de crueldad hacia los animales  como delitos graves y son establecidos dentro de las mismas categorías que incendios provocados, robos, asaltos y homicidios.  ¿Tú estarías de acuerdo en que se ampliara la condición del FBI a nivel mundial o crees que es una medida exagerada?

TÍTULO:

TESIS:

## 7.3.- Ensayos con tesis

**Tema 8:** ¿Estás a favor o en contra de la pena de muerte?

**¿ Qué muletillas utilizarás para la conclusión?**

**Tema 9:** ¿Qué opinas de hacer gimnasia para bajar de peso?

**El genio es 1% de inspiración y un 99% de transpiración.**
**Thomas Alva Edison, inventor estadounidense**

**Tema 10:** ¿Son buenos  o malos los  juegos digitales?

**Como no sabían que era imposible, lo hicieron.**

**Anónimo.**

## *¡Felicitaciones !*

**Ya has logrado escribir 10 ensayos...**

**Y  has saltado todos los obstáculos**

**para hacer un buen ensayo básico.**

**Te mereces tu primera patita**

**¡¡¡Sigue adelante !!!**

## 7.4.- Juegos, Rimas...y algo más

Ordena los siguientes términos en la columna de la derecha según la secuencia en que deben aparecer en el ensayo:

| | |
|---|---|
| Recomendaciones | |
| Conclusión | |
| Título | |
| Primer párrafo del Desarrollo | |
| Muletilla para el segundo párrafo del Cuerpo | |
| Tesis | |
| Idea Principal | |
| Reafirmar la tesis | |
| Resumen | |
| Detalles de la IS#3 | |

**Practica con los juegos digitales**

# Lección 8: Coherencia en la oración

Para ello mira el video de esta lección **"Coherencia en la oración"**

Como vimos en el video, toda oración de un ensayo debe ser coherente entre sí, de la misma forma con el tópico a tratar. Basado en lo explicado, indica si las oraciones presentadas son coherentes (C) o incoherentes (I)

## Ejercicio #1

Carla estaba preocupada que al llegar a casa se encontraría con el charco de luz.

## Ejercicio #2

El vecino del departamento de arriba camina sigilosamente, por eso se escuchan todos los pasos sobre el piso.

## Ejercicio #3

Cuando la Cenicienta estaba bailando, se escucharon las doce campanadas.

## Ejercicio #4

Juan al golpearse en la cabeza, balbucea que le saquen la sangre de su bolsillo porque se va a quemar.

## Ejercicio #5

Ella camina hacia el ropero, mientras la ratita blanca se esconde. Debajo de la cama sale chillando y se acurruca al lado de la planta, mientras se sube a la silla sin emitir un ruido que la altera. Toma la cartera y huye escalera abajo hasta que se detiene en un descanso, entonces huele el plato sobre la cama y sigue corriendo.

## Ejercicio #6

Los pasos se escuchan nuevamente, el vecino grita. Ella supone que se entusiasma con el partido de futbol en la TV. Los golpes no cesan.

## Ejercicio #7

Dos gatos volaban sobre el tejado.

## Lección 9: Revisión  y corrección de un ensayo

Una vez que se ha escrito el ensayo ¿cómo saber si está correcto?

Para ello mira el video de esta lección  **"Revisión y corrección de un ensayo"** y, posteriormente, trabaja con el material que te presentamos.

**Mira el video (Tiempo: 9'40")**

Lo último que se debe hacer en un ensayo es corregirlo, es la última etapa del Proceso de Redacción (Si no sabes de lo que hablo, vuelve a ver el video de la **Lección # 2: Proceso de Redacción**). Para corregirlo debemos tener bien en claro todas las reglas que hemos visto en este curso. Debemos disponer de al menos cinco (5) minutos para revisarlo desde dos puntos de vista: la forma y el fondo. Esto quiere decir, que por una parte tenemos una situación estética, es decir, cómo se ve el escrito, cómo luce; y la otra, desde el punto de vista del contenido, o sea, qué se dice y cómo se dice.

Esto quiere decir que debemos revisar las reglas de presentación de un escrito (espaciado, indentación, márgenes), forma INDECO, además, aplicar todas las reglas gramaticales como acentuación, uso de mayúsculas, ortografía, signos de puntuación, concordancia, coherencia en el escrito, mal uso de las palabras, palabras inapropiadas, lenguaje informal, argot, contracciones, spanglish, etc.

En esta etapa tomaremos nuevamente nuestro ensayo y lo revisaremos prestando especial atención en todo lo que acabamos de nombrar. No te recomiendo que lo escribas en el computador ni le pases el corrector ortográfico del procesador de texto hasta no haber revisado "a mano" completamente tu escrito. En lo posible, utiliza diccionarios (impresos o en línea). La razón principal es que debes aprender a escribir correctamente las palabras porque el ensayo de tu examen lo escribirás en un archivo plano, es decir, no contiene ningún corrector ortográfico.

# 9.1.- Evaluación del ensayo

El ensayo del examen oficial del GED® será evaluado por un software. Solo en caso que esté demasiado elaborado o demasiado confuso (casos extremos) será revisado por una mente humana, por eso es muy importante el uso correcto de las palabras y de la puntuación para evitar confusión. Se tomarán en cuenta 3 áreas:

1.- Creación de argumentos (0-2 puntos)
2.- Desarrollo de ideas y estructura organizativa (0-2 puntos)
3.- Claridad y dominio de las reglas de un Español estándar (0-2 puntos)

# 9.1.1.- Explicación del puntaje del examen

Puntaje Máximo: 6 puntos
Puntaje mínimo de aprobación: 4 puntos

El puntaje de cada área medida va entre 0 y 2 puntos

## Área 1: ¿Qué se espera en la creación de argumentos ?

Que se entregue argumentos basados en el texto conectados al propósito,  que se entregue citas y que se haya evaluado la validez de los argumentos (fuente creíble, inferencias, distinguir entre hecho y opinión). Si todo esto está presente se evaluará con 2 puntos en esta área.

Si están presentes estos elementos, pero son pobres, muy simples o inexactos, se evaluará con 1 punto.

Si nada está presente o se nota que no hay entendimiento del tema, se evaluará con cero punto (0)  en esta área.

## Área 2: ¿Qué se espera  en el desarrollo de ideas y estructura organizativa?

Que haya un buen desarrollo de ideas con conexiones claras entre IP y detalles. Bien organizado. Que transmita el mensaje. Estilo formal y buen uso del vocabulario. Uso de muletillas.

Si las ideas no están bien desarrolladas, no hay enfoque en el punto, se divaga o es muy simple el razonamiento, hay poco uso de muletillas, no se es específico, no hay correcto  uso de las palabras (errores al usar los homónimos, homófonos o parónimos) o no se enfoca en la IP, se evaluará con 1 punto en esta área.

Si las ideas están poco desarrolladas, el texto es confuso, hay errores ortográficos o gramaticales, faltan detalles, no hay uso de muletillas, no se usan correctamente las palabras, no hay organización, hay un estilo informal, hay ideas vagas o repetidas, entonces se evaluará con 0 (cero) punto.

### Área 3: ¿Qué se espera en la claridad y dominio de las reglas del Español estándar?

Buen uso de las muletillas, oraciones completas, bien estructuradas y variadas. Puntuación y ortografía correcta.

Si las oraciones son incompletas, confusas, fragmentadas o complicadas, si hay poca claridad en las ideas, si no existen muletillas, hay faltas ortográficas y no existe puntuación, esta área se evaluará con 1 punto.

Si hay deficiencias en las destrezas anteriores y/o errores graves y frecuentes que impide la comprensión, se evaluará con 0 (cero) punto en esta área.

## 9.1.2.- ¿Cuándo un ensayo no cumpliría con lo necesario?

Cuando hay poco desarrollo de ideas, texto confuso, errores ortográficos o gramaticales, faltan detalles, no hay uso de muletillas,  uso incorrecto de las palabras, no hay organización INDECO, estilo informal, ideas vagas o repetidas, oraciones incompletas, confusas, fragmentadas o complicadas. Poca claridad en las ideas. Errores graves y frecuentes que impide la comprensión. Trata de crear un argumento, pero es pobre, simplista, limitado o inexacto,  carece de propósito o conexión. Citas mínimas o carente de citas.  No hay comprensión del tema, no hay concordancia o coherencia en las oraciones.

**En síntesis**, calificación máxima: 6 puntos (2 puntos máximos por cada etapa):

| | |
|---|---|
| 1.-Creación de argumentos y definición clara de su posición. | (2) |
| 2.-Desarrollo de ideas y estructura organizacional. | (2) |
| 3.-Claridad y manejo del lenguaje estándar. | (2) |

| | |
|---|---|
| **Total puntaje del ensayo oficial** | **(6)** |

(Fuente: **www.GED.com**)

## 9.2.- Cartilla de Revisión del Ensayo Básico

A continuación, te presentamos una cartilla que puedes copiar o imprimir y te servirá de guía para revisar cada uno de tus ensayos.

Ten en cuenta que muchos de los puntos que se evaluarán en el ensayo aún no lo hemos estudiado en este primer nivel. Por lo tanto, tu cartilla solo contiene los elementos que hemos tratado hasta aquí; excepto el manejo de ortografía y acentuación que desde ya podrás empezar a aplicar utilizando motores de búsqueda *online* para verificar si la palabra está correctamente escrita (aunque todavía no sepas cómo acentuarla, por ejemplo).

**Practica con las flash cards**

**Practica con los juegos digitales**

## Cartilla de Revisión Ensayo Básico

| Item | Chequeado | Observación |
|---|---|---|
| 1.- Márgenes en los 4 lados | | |
| 2.- Indentación en c/párrafo | | |
| 3.- Separación de párrafos | | |
| 4.- Título | | |
| 5.- Mayúsculas | | |
| 6.- Introducción | | |
| 7.- Conclusión | | |
| 8.- Uso de las muletillas | | |
| 9.- Punto aparte en c/IS | | |
| 10.- Organización (INDECO) | | |
| 11.- IS apuntan a la IP | | |
| 12.- Ejemplos o anécdotas | | |
| 13.- Citas textuales o parafraseos | | |
| 14.- Tesis bien construida (con todos sus elementos) | | |
| 15.- Conclusión con todos sus elementos | | |
| 16.- Detalles que apoyan las IS y enfocada en la IP | | |
| 17.-Repetición de palabras | | |
| 18.- Spanglish,lenguaje informal, argot, contracciones. | | |
| 19.- Acentuación | | |
| 20.- Coherencia en las oraciones | | |
| 21.- Ortografía (palabras mal escritas, palabras inapropiadas -homónimos, homófonos, etc.) | | |

Creado por Ximena Thurman©

## 9.3.- ¿Qué NO debes decir en tu ensayo ?

Hay muchos errores que se repiten  habitualmente en los ensayos de los estudiantes, aquí he listado lo que no debieras escribir en un ensayo para que no cometas las mismas equivocaciones.

**1.- No uses frases trilladas:** Además de perder efectividad demuestra que no tiene ideas propias. Ej: "pobre como una rata", "El que nada sabe, nada teme", etc.

**2.- No pidas disculpas:** Ej: "Aunque no soy experto en la materia". "Según lo que yo pienso y es mi humilde opinión"; "Perdonen mi escrito".

**3.- No uses inicios obvios**: Por ejemplo, no empiece diciendo: "Yo hablaré de..." "En este ensayo yo escribiré sobre..."

**4.- No te adelantes a los hechos** (excepto que se trate de la introducción): No digas frases como: En el último párrafo Ud. verá..." "En el siguiente párrafo hablaré de ..."

**5.- No uses palabras innecesarias**: Muchas veces se tiende a rellenar para completar la cantidad de palabras o páginas requeridas, por lo tanto, no escriba frases como esta: "Y no me alargo más en el tema porque no me va a alcanzar el espacio" o "No escribo más porque el profesor solicitó solamente esta cantidad de páginas y se me haría imposible escribir todo lo que pienso ya que son muchas cosas y...blá, blá,blá".

Para efecto de tu examen de GED®, el ensayo debiera contener al menos unas cuatrocientas cincuenta (450) palabras, esto es aproximadamente 2 páginas (considerado que se tipea en computador); y no hay un límite en cuanto al máximo, eso te lo dará el tiempo (no más de 45 minutos).

 *Si Colón se hubiera dado por vencido, a nadie le hubiera extrañado. Claro que nadie se acordaría de él tampoco.*
*Anónimo*

## 9.4.- Errores más comunes en la Redacción

En incontables ocasiones es muy difícil redactar un texto claramente sin caer en la repetición de palabras o sonidos (cacofonías), en la redundancia (repetición de ideas) o en la incoherencia (pérdida de las ideas). Aquí presentamos algunos de los errores más comunes.

## 9.4.1.- Repetición de palabras

Se debe tener cuidado de no repetir las mismas palabras innecesariamente. Si no recuerdas otra palabra similar (sinónimos) usa tu diccionario o recurre a los diccionarios online (busca a través de Google u otro motor de búsqueda). Esto ayudará mucho a ampliar tu vocabulario. Una de las ventajas de los libros digitales (ebooks) es que la aplicación trae un diccionario incorporado donde puedes consultar por una definición, un sinónimo o una traducción.

## 9.4.2.- Repetición de sonidos (cacofonías)

En el siguiente ejemplo veremos el uso en demasía del sonido **"s"**:

*Si se sitúa en cierta zona selvática sucumbirá en la ciénaga.*

En esta oración se usan la "S", "C" y "Z", todas con un sonido similar. Debiera cambiarse algunas palabras por sinónimos que no produzcan cacofonía. Por ejemplo: Al ubicarse en cierta área de la jungla morirá en la ciénaga".

## 9.4.3.- Redundancia

Es muy común usar palabras juntas que significan lo mismo. Por ejemplo: subir para arriba, bajar para abajo, entrar para adentro, salir para afuera, en un intervalo de tiempo, comer la comida.

## 9.4.4.- Concordancia

Los errores de concordancia se producen cuando no existe una relación entre las partes de la oración, ya sea una relación de sujeto (nombre o pronombre) o de tiempo.

## 9.4.5.- Palabras que se usan inapropiadamente

Muchas veces se usan palabras incorrectamente que suenan igual, pero al escribirlas erróneamente hacen que la oración cambie de significado, ellos son los **homónimos y los homófonos.**

Por ejemplo,      no es lo mismo: haya – halla – aya- allá
        no es lo mismo: vota  - bota
        no es lo mismo: revelar – rebelar
        no es lo mismo aprender que aprehender

También existen palabras que se pronuncian parecidas, pero tienen un significado muy diferente, ellas son los **parónimos.**
**Por ejemplo,**      no es lo mismo actitud que aptitud
        no es lo mismo parecer que padecer

O palabras que definitivamente están mal pronunciadas y, por ende, mal escritas.

**Ejemplo:**   No existe la palabra haiga, la palabra correcta es **haya.**
No existe la palabra onde, la palabra correcta es **donde.**
No existe la palabra copeo, la palabra correcta es **copio.**
No existe la palabra ollí, la palabra correcta es **oí.**
No existe la paabra defirencia, la palabra correcta es **diferencia.**
No existe la palabra repuna, la palabra correcta es **repugna.**
No existe la palabra persinar, la palabra correcta es **persignar.**
No existe la palabra pior, la palabra correcta es **peor.**
No existe la palabra concecto, la palabra correcta es **concepto.**
No existe la palabra ocservar, la palabra correcta es **observar.**
No existe la palabra jue, la palabra correcta es **fue.**

## 9.4.6.- Doble participio

Existen tres verbos que tienen doble participio y por ser así se tiende a confundir y no saber realmente cuál es la forma correcta y ellos son: **imprimir - freír – proveer.**

Ambas formar se pueden usar indistintamente para formar los tiempos compuestos:

Imprimido/ impreso          proveído/provisto          freído/frito

**Ejemplos de imprimir:**
Nosotros **hemos imprimido** los libros para ustedes.
Se **habían impreso** los libros antes del inicio de clases.

**Ejemplos de proveer:**
Nos **hemos proveído** de todo el material de clases.
Se **habían provisto** de los libros antes de dar el examen.

**Ejemplos de freír:**
La comida se **ha freído** con aceite de coco
Alejandra se **había frito** 6 huevos antes de almuerzo.

## 9.4.7.- Palabras homónimas

Son aquellas que se escriben igual, se pronuncian igual, pero tienen distinto significado.

Banco:      Institución financiera.
Banco:      Mueble para sentarse.
Banco       (de peces): Cardumen o conjunto de peces de la misma especie que nadan juntos.
Banco       (de sangre): Lugar donde se recolecta sangre para donación.
Banco       (de arena): Acumulación de arena en un lecho del río.

Leo :       Diminutivo de Leonardo.
Leo :       Verbo leer.
Planta:     Vegetal.

| | |
|---|---|
| Planta: | Parte plana y baja del pie. |
| Planta: | Industria |
| | |
| Lengua: | Músculo interno de la boca. |
| Lengua: | Idioma. |
| | |
| Copa: | Vasija de cristal o vidrio. |
| Copa: | Parte frondosa y alta del árbol. |
| Copa: | Parte alta de un sombrero |
| | |
| Cita : | Reunión. |
| Cita: | Escritura textual de un libro. |
| | |
| Cara: | Parte frontal de la cabeza. |
| Cara: | Alto precio. |
| | |
| Hoja: | Parte de un árbol o planta. |
| Hoja: | Parte de un cuaderno  o papel para escribir. |
| | |
| | |
| Abrazar: | Dar un abrazo. |
| Abrasar: | Envolver en llamas. |
| | |
| Asada: | Verbo asar. |
| Azada: | Azadón. |
| | |
| Asar: | Cocinar al horno. |
| Azahar: | La flor del naranjo. |
| Azar: | Casualidad, coincidencia. |
| | |
| Ascenso: | Subida. |
| Asenso: | Consentimiento, confirmación, permiso. |
| | |
| Asia: | Continente. |
| Hacia: | Preposición, indica dirección, dirigirse a. |
| | |
| Asta: | Palo alto. Cuernos del animal. |
| Hasta: | Preposición que indica distancia. |
| | |
| Atajo: | Verbo detener o acortar camino (shortcut). |
| Hatajo: | Rebaño de animales. |

Aya:          Niñera.
Halla:        Verbo hallar (encontrar).
Haya:         Verbo haber (verbo auxiliar para tiempos compuestos).
(La) Haya:    Capital de Holanda  (Países Bajos).
Allá:         Adverbio de lugar.

Bota:         Calzado que cubre parte de la pierna. Recipiente para vino.
Vota:         Dar el sufragio a alguien. Elegir.

Boto:         Verbo botar (dejar caer).
Voto:         Papeleta de sufragio o elección.

Casa:         Lugar para vivir.
Caza:         Verbo cazar (buscar, perseguir, atrapar, conquistar).

Cien:         Número.
Sien:         Partes laterales de la frente.

Grabar:       Esculpir, tallar, imprimir, aprender.
Gravar:       Imponer, multar, hipotecar, consignar. Colapsar, muy
              enfermo o herido.

Haber:        Verbo utilizado para conjugar los tiempos compuestos.
A ver:        Observar. Mirar.

Hablando:     Verbo hablar  (Gerundio en tiempos compuestos).
Ablando:      Verbo ablandar (suavizar).

Hola:         Interjección. Saludo informal.
Ola:          Onda, Ondulación de la superficie del mar producida por el
              viento. Oleaje. Epidemia.

¡Bah!:        Interjección de desdeño o desdén.
Va:           Verbo ir.

Revelar:      Descubrir un secreto o fotografía. Delatar.
Rebelar:      Rebelión, insurrección, motín, alzamiento, subversión.

¡Vaya!        Interjección que indica sorpresa.
Baya:         Caballo de color anaranjado.

**Baya:** Clasificación de ciertas frutas carnosas con semillas rodeadas de pulpa (uva, naranja, tomate, guayaba, etc.).

**Valla:** Armazón de madera o metal que delimita un espacio.

**Cocer:** Cocción. Cocinar los alimentos. Hervir, guisar.

**Coser:** Unir la ropa con hilos. Confeccionar, hilvanar, zurcir.

**Aprender:** Adquirir un nuevo conocimiento.

**Aprehender:** Apresar, tomar prisionero.

**Ciego:** Invidente, impedido de ver.

**Siego:** Verbo segar (talar, cortar).

**Siervo:** Sirviente, esclavo.

**Ciervo:** Venado, antílope, ante, gamuza.

**Calló:** Verbo callar (silenciar).

**Cayó:** Verbo caer (derrumbarse).

**Cayo:** Arrecife, peñasco.

**Callo:** Dureza en la piel.

## 9.4.8.- Palabras parónimas

Son aquellas que  se pronuncian muy parecido, lo que tiende a confundir a la gente, pero se escriben distinto y, por ende, tienen distinto significado.

Afecto:      Cariño.
Efecto:      Produce, resultado.

Aptitud:     Habilidad.
Actitud:     Comportamiento.

Absolver:   Liberar de culpa.
Absorber:   Atraer.

Cesto:       Canasto.
Sexto:       Que ocupa la posición número 6.

Adaptar:     Acomodar, ajustar.
Adoptar:     Recibir como hijo a alguien que no es. Hacer propio algunos métodos o ideologías.

Especie:     Conjunto de cosas semejantes.
Especia:     Sustancia aromática vegetal para sazonar.

Proveer:     Suministrar, facilitar.
Prever:      Saber algo por anticipado.

Coleccionar: Recopilar, reunir.
Colisionar:   Chocar, estrellar.

Parecer:     Similar. Opinión.
Padecer:     Sufrir, doler.

**"Yo corrijo mucho más de lo que la gente piensa"**
**Gabriela Mistral (Premio Nobel de Literatura, 1945)**

## 9.5.- Completación de oraciones

Toma la palabra correcta que se encuentra en la caja y completa la oración para que tenga sentido (No todas las palabras se ocuparán).

colisionó  sierra cierra taló  valla  vaya  baya  as  has  haz
abrazo  abrasó asar  azahar  azar  hasta asta atajo  hatajo  aya
hayan  allá padece halló tuvo tubo cosió coció

1.- Solo tenía un _____ en su baraja.
2.- Para evitar que los animales se salieran se colocó al final del  potrero una _____
3.- Al llegar, su novia le dio un fuerte _____
4.- Venía del campo y sus enaguas olían a _____
5.- Tiró los dados al _____
6.- Para cocinar el puerco lo puso a _____ en el horno.
7.- El agua le llegaba _____ la cintura.
8.- El pastorcito apareció con un _____ de ovejas.
9.- Para poder alcanzarlos tomó un_____
10.- Ella no _____ el libro que había dejado en la mesa.
11.- Jorge le indicó que _____ estaba el libro.
12.-  La familia trajo todo lo necesario para los niños, incluida la _____
13.- Cuando _____ comido, nos vamos.
14.- El carro _____ con el semáforo del frente
15.- El hombre _____ el árbol con una _____
16.- María, por favor, _____ la puerta.
17.- El vecino _____ una enfermedad incurable.
18.- ¿ _____ escuchado ruido?
19.- Sus gritos delataban que el fuego le _____
20.- _____ todo el dinero del mundo, pero lo perdió.
21.- Se _____ toda su ropa con hilo y aguja.
22.- ¡_____ tus tareas, ahora !
23.- Hay un gran _____ por el cual los bomberos se deslizan para
     acceder al primer piso.

## 9.6.- La correcta  palabra

Elige la mejor palabra entre las dos que se encuentran entre paréntesis para darle sentido a la oración.

1.- Para cabalgar se calzó las (botas/votas) de cuero.
2.- Para elegir al candidato depositó el (voto/boto)en la urna.
3.- El joyero (graba/grava) su nombre en la pulsera.
4.- El accidente lo dejó con heridas muy (grabes/graves).
5.- El gobierno (grabó/gravó) con un impuesto del 10%.
6.- El negocio (provee/preve) de los alimentos necesarios para el barrio.
7.- El rey se dedicaba a (casar/cazar) animales prohibidos.
8.- Cualquiera de estas (especies/especias) sazonan bien tu ensalada.
9.-  Le quedó una cicatriz en la frente de (cien/sien) a  (cien/sien)
10.- En este nuevo país me (adoptaré /adaptaré) rápido.
11.- El (cesto/sexto) de sus hijos es el más talentoso.
12.- El juez (absorbió/absolvió) al acusado de toda culpa.
13.- Para tocar el piano debes tener (aptitudes/actitudes).
14.- La hermana la abrazó con mucho (afecto/efecto) antes de irse.
15.- La tripulación de Colón se (rebeló/reveló) porque no avistaba tierra.
16.- Las (olas/holas) del mar rompían furiosas contra la roca.
17.- La joven busca a su amiga y trata de mirar dentro del grupo diciendo: (a ver/ haber).
18.- La próxima semana viajo a (Asia/Hacia).
19.- Carolina Andrea viajó con el (asenso/ascenso) de su padre.
20.- Para celebrar la independencia colocaron la bandera en el (hasta/asta) de la iglesia.
21.- Los videos fueron (grabados/gravados) en un DVD.
22.- Para evitar las  turbulencias, el avión tuvo que   (ascender /asender)   más (allá/ayá)  de las nubes.
23.- Los bomberos bajaron por el (tubo/tuvo) que conectaba el segundo piso.
24.- Ella (tuvo/tubo) que abandonar la sala.

## VIII.- Temas sugeridos para escribir un ensayo

1.- ¿Qué opinas de los automóviles que se conducen solos?

2.- ¿Cuál es el personaje que más admiras?

3.- ¿Cómo describirías tu trabajo actual?

4.- ¿Qué carrera profesional elegirías y por qué?

5.- ¿Qué piensas de la situación de los inmigrantes en este país, estarías a favor o en contra de una ley migratoria?

6.- Mi primer carro.  Mi primer día en la escuela (o en el trabajo)

7.- Si te ganaras $ 1,000,000 ¿a qué obra benéfica la entregarías y por qué?

8.- Si  tuvieras que inventar algo  ¿qué te gustaría inventar?

9.- De los inventos más recientes del último siglo  ¿cuál consideras más importante?

10.- ¿En qué nos ha beneficiado (o no) los computadores?

11.- ¿Qué hecho te hizo madurar y pasar a la edad adulta?

12.- ¿Qué situación produjo un cambio en tu vida?

13.- Un momento maravilloso en tu vida.

14.- ¿Qué voluntariado te gustaría realizar con la comunidad?

15.- Una persona, un hecho o una película que te haya impactado y que influyó en tu vida.

16.- Mi generación. Características de mi generación.

17.- Autobiografía.

18.- La diferencia entre vivir en el campo, ciudad o en los  suburbios.

19.- ¿Cuál es mi mayor ambición?

20.- ¿Cuáles son mis fortalezas y debilidades?

21.- ¿Qué deseas hacer con tu vida?

22.- ¿Tienes alguna experiencia de trabajo inolvidable?

23.- ¿Cuáles son las metas en tu vida?

24.- ¿Cómo  evalúas el éxito?

25.- Describe una situación que fue exitosa para ti.

26.- ¿Qué logros te han dado mayor satisfacción en tu vida?

27.- ¿Si tuvieras la oportunidad de vivir de nuevo, qué cosas cambiarías de tu vida?

28.- ¿Qué prefiere: trabajar con información o con gente?

29.- ¿Cuál ha sido el profesor, mentor o la persona que más te inspiró?

30.- ¿Tiene algunos planes para una educación a futuro?

31.- ¿Qué piensa del problema de la obesidad en los niños?

32.- ¿Qué piensas de las familias numerosas?

33.- ¿Cómo es la juventud hispana actual en los Estados Unidos?

34.- Mi navidad más memorable.

35.- Mi mejor fiesta de cumpleaños.

36.- El día que tuve que enfrentar la muerte de un familiar.

37.- Un evento que me haya impactado mucho.

38.- Mi primer viaje solo.

39.- Unas vacaciones inolvidables.

40.- Las mujeres en el mundo de la política.

41.- Las mujeres en el mundo de los negocios.

42.- Las mujeres en el mundo de la lucha libre o el boxeo.

43.- Las mujeres en combate.

44.- ¿Por qué quieres obtener tu GED®?

45.- ¿Cuáles son los miedos más grandes que te impiden lograr lo que quieres?

46.- ¿Qué opinas de los matrimonios homosexuales?

47.- El abuso de las drogas o alcohol.

48.- ¿Qué opinan del embarazo en chicas adolescentes?

49.- ¿Qué opinas de las relaciones sexuales en jóvenes  escolares?

50.- ¿Estás de acuerdo con el aborto?

51.- ¿Qué opinas de las pastillas anticonceptivas o prefieres un método de anticoncepción natural?

52.- ¿Qué opinas de trabajar desde tu casa?

53.- ¿Qué opinas de consumir bebidas energizantes?

54.- ¿Qué opinas de las dietas para bajar de peso?

55.- ¿Qué opinas del sida?

56.- ¿Qué opinas de ir a la universidad?

57.- ¿Qué opinas de ser autodidacta?

58.- ¿Qué opinas de la contaminación ambiental en la flora y la fauna?

59.- ¿Qué opinas de los agroquímicos en los campos?

60.- ¿Qué opinas del calentamiento global?

61.- ¿Cuál es tu posición con respecto a la inmigración?

62.- ¿Cuál es tu posición con respecto al trabajo infantil?

63.- ¿Cuál es tu posición con respecto a la legalización de la droga?

64.- ¿Cuál es tu posición con respecto a la privacidad en Facebook?

65.- ¿Cuál es tu posición con respecto a la tecnología en la educación?

66.- ¿Cuál es tu posición con respecto a las redes sociales?

67.- ¿Cuál es tu posición con respecto al  uso del celular en los niños?

68.- ¿Cuál es tu posición con respecto a la delincuencia infantil?

69.- ¿Cuál es tu posición con respecto a los extremistas islámicos?

70.- ¿Cuál es tu posición con respecto a la violencia en México?

## IX.- Autoevaluación

## **Prueba # 1:** Cómo hacer un ensayo

### **Conteste Verdadero o Falso. Si es Falso explique por qué.**

1.- _____  Un ensayo consiste en escribir sobre la opinión de diferentes autores.

2.- _____  Un ensayo consta de Forma y Fondo.

3.- _____  Al cambiar de idea secundaria se cambia de párrafo.

4.- _____  Para pasar a un nuevo párrafo coloco un punto seguido

5.- _____  Cada vez que se inicia un nuevo párrafo se parte con mayúscula.

6.- _____  La Forma del ensayo se refiere a la presentación de este.

7.- _____  El Fondo del ensayo se refiere a la limpieza y márgenes de la escritura.

8.- _____  El bosquejo se utiliza para generar ideas.

9.- _____  Al escribir un ensayo lo primero que se hace es el bosquejo.

10.- _____  El bosquejo también sirve para organizar mis ideas.

11.- _____  La estructura de un ensayo es: Desarrollo, Introducción y Conclusión.

12.- _____  Si me dan un tema y no lo conozco, puedo cambiar el tema.

13.- _____  El título se escribe en el extremo superior izquierdo de la hoja.

14.- _____ El ensayo se puede escribir con lápiz.

15.- _____ El margen es un espacio que se deja solo en la parte inferior de la hoja.

16.- _____ Un párrafo es un conjunto de líneas que se refieren a una misma idea.

17.- _____ El ensayo consta de dos grandes párrafos.

18.- _____ Un ensayo se organiza de la forma INDECO.

19.- _____ Las muletillas sirven para adornar el ensayo.

20.- _____ Los ejemplos se colocan en la introducción.

**Practica con las flash cards**

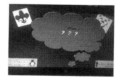

**Practica con los juegos digitales**

# Prueba # 2: Cómo estructurar un ensayo

## Conteste Verdadero o Falso. Si es Falso explique por qué.

1.- _____ Un ensayo se le coloca la fecha en la parte superior derecha

2.- _____ El título del ensayo se coloca centrado.

3.- _____ Cada párrafo se comienza con mayúscula.

4.- _____ El ensayo debe tener menos de doscientas palabras.

5.- _____ El ensayo básico debe tener cinco párrafos en total.

6.- _____ El primer párrafo del ensayo es la Introducción.

7.- _____ El último párrafo del ensayo es la conclusión.

8.- _____ En la introducción se coloca sobre el tema que se está apoyando y porqué.

9.- _____ Si la hoja no tiene márgenes delineados se pueden omitir (no se usan).

10.- _____ Primero se escribe el ensayo y después se hace el bosquejo.

11.- _____ El bosquejo permite ordenar las ideas.

12.- _____ Si me olvido escribir algo en un párrafo lo puedo incorporar en el otro.

13.- _____ El ensayo tiene un solo párrafo a favor y uno solo en contra.

14.- _____ Se tienen cuarenta y cinco minutos para hacer un ensayo.

15.-_____ Se deben ocupar 30 minutos para hacer el bosquejo.

16.-_____ Si el tema que me tocó lo desconozco, debo dejar la hoja en blanco.

17.-_____ La conclusión va al comienzo del ensayo.

18.-_____ Se pueden trabajar hasta seis ideas secundarias en un solo ensayo.

19.-_____ El ensayo se escribe con lapicero.

20.- _____ Se puede escribir un ensayo mayor a 200 palabras, todo depende del tiempo disponible que tenga y si lo alcanzo a tipear en dicho tiempo.

## X.-  Lista de libros recomendados

Esta es una lista de libros sugeridos para que leas al menos un libro por nivel. La mayoría son clásicos de la literatura, algunos los elegí porque te puedes sentir identificado o motivado y, los menos, simplemente porque encuentro que son buenos libros. No están presentados en ningún orden en especial y sí, probablemente se me quedaron muchos fuera.

| Título | Autor |
|---|---|
| 1.- Dr. Q. | Alfredo Quiñones Hinojosa |
| 2.- El Dador | Lois Lowry |
| 3.- Inés del Alma Mía | Isabel Allende |
| 4.- La Casa en Mango Street | Sandra Cisneros |
| 5.- La Metamorfosis | Franz Kafka |
| 6.- La Mala Hora | Gabriel García Márquez |
| 7.- Pantaleón y las Visitadoras | Mario Vargas Llosa |
| 8.- Rumbo al Sur, Deseando el Norte | Ariel Dorfman |
| 9.- Del Amor y otros Demonios | Gabriel García Márquez |
| 10.- La Amortajada | María Luisa Bombal |
| 11.- El Jorobado de Notre Dame | Victor Hugo |
| 12.- El extraño caso del Dr. Jekyll y Mr. Hayde | R.L. Stevenson |
| 13.- Cien años de Soledad | Gabriel García Márquez |
| 14.- La Tregua | Mario Benedetti |
| 15.- El Aleph | Jorge Luis Borges |
| 16.- Historias de Cronopios y de Famas | Julio Cortázar |
| 17.- Don Quijote de la Mancha | Miguel de Cervantes y S. |
| 18.- Rayuela | Julio Cortázar |
| 19.- El Diario de Ana Frank | Ana Frank |
| 20.- La Ladrona de Libros | Markus Zusak |
| 21.- 20 Poemas de Amor y una Canción Desesperada | Pablo Neruda |
| 22.- Pedro Páramo | Juan Rulfo |
| 23.- La Vida es Sueño | Pedro Calderón de la Barca |
| 24.- El Túnel | Ernesto Sábato |
| 25.- La Casa de los Espíritus | Isabel Allende |
| 26.- El Amor en los Tiempos del Colera | Gabriel García Márquez |
| 27.- Niebla | Miguel de Unamuno |
| 28.- Romancero Gitano | Federico García Lorca |
| 29.- 1984 | George Orwell |
| 30.- Rimas y Leyendas | Gustavo Adolfo Becquer |
| 31.- Yerma | Federico García Lorca |
| 32.- El Tiempo entre Costuras | María Dueñas |
| 33.- Ardiente Paciencia (El cartero) | Antonio Skármeta |

| | | |
|---|---|---|
| 34.- | Don Juan Tenorio | José Zorrilla |
| 35.- | Lazarillo de Tormes | Anónimo |
| 36.- | Fuente Ovejuna | Félix Lope de Vega |
| 37.- | Marianela | Benito Pérez Galdos |
| 38.- | Platero y Yo | Juan Ramón Jiménez |
| 39.- | 20,000 Leguas de Viaje Submarino | Julio Verne |
| 40.- | Anna Karenina | Leon Tolstoi |
| 41.- | Crimen y Castigo | Fiodor Dostoiesvki |
| 42.- | Cumbres Borrascosas | Emily Bronte |
| 43.- | Edipo Rey | Sófocles |
| 44.- | El Conde de Montecristo | Alejandro Dumas |
| 45.- | El Decamerón | Giovanni Boccaccio |
| 46.- | El Hombre Invisible | H.G. Wells |
| 47.- | El Mercader de Venecia | Williams Shakespeare |
| 48.- | El Príncipe | Nicolás Maquiavelo |
| 49.- | El Viejo y el Mar | Ernest Hemingway |
| 50.- | Facundo | Domingo Faustino Sarmiento |
| 51.- | Guerra y Paz | Leon Tolstoi |
| 52.- | Hamlet | William Shakespeare |
| 53.- | Jane Eyre | Charlotte Brontte |
| 54.- | La Dama de las Camelias | Alejandro Dumas (hijo) |
| 55.- | La Divina Comedia | Dante Alighieri |
| 56.- | La Guerra de los Mundos | H.G. Wells |
| 57.- | La Iliada | Homero |
| 58.- | La Isla del Tesoro | R.L. Stevenson |
| 59.- | La Odisea | Homero |
| 60.- | Los Tres Mosqueteros | Alejandro Dumas |
| 61.- | Los Viajes de Gulliver | Jonathan Swift |
| 62.- | Macbeth | William Shakespeare |
| 63.- | Martín Fierro | José Hernández |
| 64.- | Otelo | William Shakespeare |
| 65.- | Madame Bovary | Gustave Flauvert |
| 66.- | Romeo y Julieta | William Shakespeare |
| 67.- | Miguel Strogoff | Julio Verne |
| 68.- | Crónicas Marcianas | Ray Bradbury |
| 69.- | Como Agua para Chocolate | Laura Esquivel |
| 70.- | Cartas de amor y desamor | Gabriela Mistral |

## *XI.-Para reforzar tu aprendizaje*

**Mira todos los videos tantas veces como los necesites.**
**Contesta todos los quizzes hasta obtener un 100%.**
**No te saltes ninguna lección.**
**Repasa las tarjetas relámpagos.**
**Haz todos los ejercicios del libro, incluyendo los juegos.**
**Resume lo aprendido a través del método "Monísticamente hablando".**
**Revisa y practica con las trivas, convos,etc.  (un efectivo método de aprendizaje llamado "gamification" – basado en juegos-).**
**Lee los libros recomendados.**
**Hace los ensayos sugeridos.**
**Accesa los videos y juegos digitales las 24hrs del día, los 7 días de la semana desde cualquier lugar del mundo y en cualquier dispositivo.**

**¡ Pregunta, pregunta, pregunta y... practica, practica, practica!**

## XII.- Tu próximo desafío

Elige cualquiera de los temas sugeridos que se encuentran en la lista y envíanos el ensayo para que nosotros te lo corrijamos y te demos la retroalimentación.

## XIII.- ¿Qué viene después?

El siguiente nivel te enseña todas las reglas gramaticales necesarias para corregir tu ensayo y también te servirá para contestar la primera parte del examen oficial de GED®.

**Duerme bien....eso te ayuda  para tu concentración.**

## XIV.- *Páginas web de referencias*

http://www.wordreference.com
En este link o enlace podrás encontrar definiciones de palabras, sinónimos y conjugación de verbos.

www.rae.es
Este es el link o enlace a la Real Academia Española, la organización que regula la manera en que escribimos.

Puedes pedir libros prestados en una biblioteca o bajarlos en forma digital desde cualquier biblioteca.
También puedes visitar los siguientes sitios web:
https://espanol.free-ebooks.net/
http://www.portalplanetasedna.com.ar/digitales.htm
www.Quelibroleo.com

## XV.- Videos de apoyo en Youtube

En nuestro canal gedfacil.tv (en la plataforma de Youtube.com) encontrarás videos donde te contestan las preguntas más frecuentes, te dan consejos para estudiar y/o te recomiendan libros para leer (recuerda que el GED® mide en gran medida comprensión de lectura).
Aquí te dejo algunos links a estos videos:
https://www.youtube.com/watch?v=h4zdMPzHrig
https://www.youtube.com/watch?v=zb9mSJiyDNM
https://www.youtube.com/watch?v=O_X2C4r4FA8

**Video motivacional**
¿Conoces la vida del Dr. José Hernández? El primer astronauta mexico-americano, inmigrante en los Estados Unidos que trabajaba junto a sus padres en la "pisca". Mira esta historia de persistencia:
**Parte 1:** https://www.youtube.com/watch?v=6ylOLbBHJB0&feature=youtu.be
**Parte 2:** https://www.youtube.com/watch?v=EdJ1AeDRwU4
**Parte 3:** https://www.youtube.com/watch?v=1ne0HWDPHLI
**Entrevista radial:** https://www.youtube.com/watch?v=vphD_CzAXe0

**Subscríbete a nuestro canal de youtube gedfacil.tv o gedfacil.com y a nuestro foro de Facebook gedfacil.com donde podrás interactuar con vuestros compañeros, compartir experiencias y hacerle preguntas a un profesor.**

## XVI.- Bibliografía

Allende, Isabel. *Mi país inventado*. HarperCollins Publishers. USA, 2003

Alberti, Rafael. *13 bandas y 48 estrellas.* Espasa-Calpe. España, 1985.

Alvar Ezquerra, Alfredo. *Cervante, genio y libertad.* Ediciones Temas de Hoy. España, 2004.

Cortázar, Julio. *Todos los fuegos el fuego.* Romanya. España, 1986.

Diccionario Básico de la Lengua. GrupoAnaya. España, 1993.

Dorfman, Ariel. *Rumbo al sur, deseando el norte.* Siete Cuentos Editorial. USA, 2003.

García Lorca, Federico. http://www.poemas-del-alma.com/federico-garcia-lorca.htm

Huneeus, Pablo. *Dichos de campo.* Editora Nueva Generación. 1999

Jiménez, JuanRamón. *Platero y yo.* Biblioteca Didáctica Anaya.España, 1986.

Machado, Antonio. http//poemas-del-alma.com/Antonio-machado-2.htm.

Neruda, Pablo. *Cien sonetos de amor*. University of Texas Press, USA, 1986.

Real Academia Española www.rae.es

Williams, Raymond L. *Vargas Llosa. Otra historia de un deicidio* Taurus.México, 2001

# XVII.- Otros libros escritos

## Colección Preparación para el GED® de la Maestra Ximena
Los 7 Secretos para tener éxito en mi GED®
Los 7 Secretos para tener éxito en mi GED® - Formularios
Examen de Práctica para Gramática (Parte I y III)
Artes del Lenguaje – Nivel 1: Cómo crear y escribir un ensayo básico - Ejercicios
Artes del Lenguaje – Nivel 2: Reglas gramaticales - Ejercicios
Artes del Lenguaje – Nivel 3: Cómo leer y crear un ensayo argumentativo - Ejercicios
Artes del Lenguaje – Nivel 4: Comprensión de Lectura - Ejercicios
Tutoriales Tecnológicos – Ejercicios para dominar el teclado y la calculadora
Guía para el profesor  de Artes del Lenguaje (Material didáctico para manejar las clases de GED®).

## Material adicional para las clases de GED
350  videos para las clases de GED
300 *quizzes*
Exámenes  por  nivel
Exámenes de práctica por módulo
Tarjetas relámpagos (*Flash cards*) para cada materia del GED (impresas y digitales)
Juegos didácticos digitales, canciones, rimas, palabras cruzadas, etc.
**gedfacil.com** foro privado en Facebook y en nuestra plataforma privada
**gedfacil.tv** (canal de Youtube) con videos de preguntas frecuentes, tips,
        recomendaciones de libros para leer, etc.

## XVIII.- Respuestas a los ejercicios

### Lección 3:

**Jeroglíficos**
1.- organizar 2.- ejemplo 3.- introducción 4.- desarrollo 5.- conclusión

**Palabras Cruzadas**
Horizontal: 1.- Bosquejo 4.- Cita 7.-otaD 8.- Ideas
Vertical:    2.- Una 3.- Ejemplos 5.- Imagen 6.- Ordena

### Lección 4:

### 3.- Ejercicios

**Ejercicio #1** *"Platero y yo" (Juan Ramón Jiménez)*
a)Primavera b)sembré, creciendo, cubre, era el mejor sostén de mi poesía, dueña del corral. c)Respuesta varía d)El autor o narrador e)Con su burrito Platero
f)De la acacia (un árbol) g)Abandonada h)El árbol ha crecido mucho i)La acacia j)Que le ayudaba a inspirarse k)Nostalgia
l) Respuesta varía (Sugeridos: Acacia inspiradora/Cuna de mis poemas/Deterioro)

**Ejercicio #2** *(Juan Ramón Jiménez)*
a)Revolución b)reacciones políticas/ Revolución de 1868/ destronamiento de Isabel II / comenzó un nuevo período liberal/ dinastía democrática/ buscó un monarca ajeno
c)Relaciona palabras: Respuesta varía (Sugeridos: Revolución de 1868 - terminó con el destronamiento de Isabel II / General Prin - partidario dinastía democrática/ General Prim -buscó un monarca para la corona española) d)Probablemente España e)Posterior a 1868 f) francés y alemán (la antigua Prusia). g)Una revolución ocurrida en 1868 h)El destronamiento de Isabel II y comienzo de un nuevo período liberal i)Permanentes conflictos j) Respuesta varía (Sugeridos: Conflictos/ Sin reina ni rey/Anarquía / Descabezados/ ¿Y quién habrá de guiarnos?)

**Ejercicio #3** *(Ariel Dorfman,"Rumbo al sur, deseando el norte").*
a)Sacudirlos sacudirles b) Respuesta varía (Sugeridos:gringos rebosantes de salud / América Latina racista / forzarlos a despertar c) Respuesta varía (Sugeridos:blancos-privilegio / mendigos latinos- sucios malolientes / no zapatos- no podían comprar/ despertarán - miraran el

mundo verdadero d)USA e) Cuando dice: "Me seguían cayendo bien esos "hippies"." f) Literalmente "cambio extra", una forma de pedir limosna. g)Los mendigos americanos no conocían las verdaderas necesidades de la gente pobre. h) Sorpresa i) Respuesta varía (Sugeridos:¿Pobreza extrema?/¿De qué pobreza me hablan?/Mendigos extremos/ Jugando a ser pobre/ Luchando contra el sistema/ Rebeldes "ad hoc" ).

**Ejercicio #4** *(Isabel Allende, "Mi país inventado")*
a)mortandad / volara en pedazos / dispararan b)Palabras importantes: Respuesta varía (Sugeridos: Nací / crecí / apurados / nadie esperaba vivir muy largo/ no había tiempo) c)Relaciona palabras: Respuesta varía (Sugeridos: Nací- Segunda Guerra Mundial / juventud - esperaba las bombas atómicas / apurados- no tiempo para la contemplación d)Chile e)Al comienzo cuando dice: "Nací en medio de la humareda y la mortandad de la Segunda Guerra Mundial". f) cortar de raíz g) Que siempre hay que estar alerta / Porque es la única manera de sobrevivir sin ser aplastado por la vorágine capitalina h)Apuro i)Mi origen/Tiempos modernos/Estilo de vida/Un Chile apurado.

## 4.3.- Redactando un párrafo

**Ejercicio #1:** *Comprensión de lectura*
1.- La habilidad de leer comprensivamente es fundamental y ayuda para toda la vida.
2.- Capacidad de interpretar textos y obtener nuestras propias conclusiones.
3.- a) Daniel Cassany: "Enseñando lengua".
b) Jesús Amado Moya "El lenguaje científico y la lectura comprensiva en el área de Ciencias".
4.- Leer sin entender es como leer un papel en blanco.

**Ejercicio #2: La importancia de hacer preguntas**
1.- Hacer y hacerse preguntas ayuda a entender el mundo que nos rodea.
2.- Cada racionamiento nos abre la mente a la creatividas y nos hace ser distinto al resto de los animales.
3.-a) Documental de la Scuolla italiana explicando el descubrimiento del fuego por parte del hombre. b) Sócrates y su método socrático c) Los niños y su curiosidad en edad temprana d) Einstein y su capacidad de asombro.

4.- Lo importante no son las respuestas, sino que cada interrogante es una semilla de crecimiento que te lleva a abrir tu mente a otras posibilidades. / Hazte una lista de los porqué y contéstalos.

## Lección 6:
### 6.4.- Conectando oraciones
(a)Comenzando (b) Además (c) Para ilustrar (d) Sin embargo (e) Adicionalmente (f) Finalmente

## Lección 8:
Ejercicio #1: I; Ejercicio #2: I; Ejercicio #3:C; Ejercicio #4:I; Ejercicio #5:I; Ejercicio #6:C; Ejercicio #7: I

## Lección 9:

### 9.5.- Completación de oraciones
1.-as; 2.- valla; 3.- abrazo; azahar; 5.- azar 6.- asar 7.- hasta; 8.- hatajo; 9.- atajo; 10.- halló; 11.-  allá 12.- aya 13.- hayas; 14.- colisionó; 15.- taló /sierra; 16.- cierra; 17.- padece;18.- has; 19.- abrasó; 20.- tuvo; 21.- cosió 22.- haz; 23.- tubo.

### 9.6.- La correcta  palabra
1.- botas; 2.- voto; 3.- graba; 4.- graves; 5.- gravó; 6.- provee; 7.- cazar; 8.- especias; 9.-  sien; 10.- adaptaré; 11.- sexto; 12.- absolvió; 13.- aptitudes; 14.- afecto; 15.- rebeló;16.- olas; 17.- a ver; 18.- Asia; 19.- asenso; 20.- asta; 21.- grabados; 22.- ascender/allá; 23.- tubo; 24.- tuvo.

**Para adquirir los libros, visita Amazon o nuestra web:**
**www.gedfacil.com**
**www.amazon.com/author/XimenaThurman**

**Para contactarnos por licencias de las clases:**
**P.O.Box 472974. Aurora, Colorado 80047 (USA)**
**AntarticAcademy@gmail.com**
**info@gedfacil.com**
**1-720-982-0428**

***Textos y metodología***
*Ximena Thurman*
***Artista Visual***
*Carolina Cornejo*

Publicado por:

# BONO

**POR EL SOLO HECHO DE ADQUIRIR ESTE LIBRO TE REGALAMOS UN DESCUENTO DE UN 50% EN EL NIVEL 1 DEL MÓDULO DE GRAMÁTICA.**

**INGRESA A LA WEB <u>WWW.GEDFACIL.COM</u> REGÍSTRATE PARA TOMAR EL NIVEL 1 DEL MÓDULO DE GRAMÁTICA, DIGITA EL SIGUIENTE CÓDIGO: LIBROAMAZONG1-18 Y EL CURSO LO OBTENDRÁS A MITAD DE PRECIO.**

**¡ FELICITACIONES !**

***...y nos vemos en el siguiente nivel (Nivel 2)***

92724138R00082

Made in the USA
San Bernardino, CA
04 November 2018